LA CARTOMANCIE

Comment prédire l'avenir
avec les cartes

Laila Shemesh

LA CARTOMANCIE

Comment prédire l'avenir avec les cartes

ÉDITIONS DE VECCHI S. A.
52, rue Montmartre
75002 PARIS

Avant-propos

Tout le monde, un jour ou l'autre, a entendu parler de "cartomancie".

Mais que cache exactement ce terme?

La cartomancie est l'art de tirer les cartes, de connaître leur signification, d'interpréter la manière dont elles sont placées, de donner une valeur à leur couleur.

Grâce à cela, et à certaines déductions, vous pouvez deviner les grandes lignes de votre avenir.

Et qui n'a jamais eu envie de connaître le futur, celui de ses proches ou de ses amis?

Ce livre va vous fournir toutes les explications indispensables pour connaître le sens des cartes. Si vous suivez nos conseils, bientôt, très bientôt, pour vous rien ne restera dans l'ombre: les cartes vous diront tout.

Qu'est-ce que la cartomancie?

On a beaucoup parlé de l'origine de la cartomancie, et comme on peut s'en douter, les opinions sont très partagées à ce sujet. De nombreuses polémiques ont été soulevées quant à la question de savoir qui, des Italiens, des Français, des Allemands ou des Espagnols, avait introduit, pour la première fois, l'usage des cartes en Europe.

D'après certains manuels, la cartomancie aurait été introduite en France par Jacquemin Gringonneur: en effet, le trésorier de Charles VI aurait acheté à ce dernier, pour la somme de cinquante sous, trois jeux de cartes aux couleurs multiples, destinés à divertir le roi durant sa folie. D'autre part, si l'on en croit un ancien livre intitulé *Jeu d'Or*, imprimé en 1472 à Leipzig, c'est-à-dire peu de temps après la découverte de l'imprimerie, c'est en Allemagne, aux environs de l'année 1300, que le jeu de cartes aurait été introduit pour la première fois. De son côté, l'abbé River affirme que c'est en Espagne que l'on trouve le premier jeu de cartes, importé directement de l'Orient en 1330, et que la même année, le peintre Nicolas Pépin adapta les cartes égyptiennes aux cartes espagnoles. Enfin, l'abbé de Longuerre soutient que, parmi tous les pays de l'Occident, c'est en Italie que le jeu de cartes apparaît pour la première fois.

En remontant à des temps beaucoup plus lointains, et en nous fondant sur les données des anciens devins, nous pouvons affirmer que c'est aux Egyptiens que l'on doit l'invention des cartes: il s'agissait en l'occurrence de 78 piastres d'or pur sur lesquelles étaient gravés des hiéroglyphes et des mots mystérieux. Ces 78 piastres composaient le *Livre de Thot*, qui représente le seul exemplaire échappé à la colère d'Omar lorsque celui-ci fit incendier la célèbre bibliothèque d'Alexandrie, en Egypte.

En 1753, Etteilla, célèbre devin français, entreprit de rénover la cartomancie qu'il appela lui-même « la plus utile et la plus sublime des sciences ». Il retrouva le « grand jeu » ou *Livre de Thot*, attribua à chaque carte une signification à laquelle personne avant lui n'avait jamais pensé, et enseigna l'art et la manière de concilier la valeur de chaque signification pour révéler l'avenir.

C'est donc Etteilla qui, le premier, découvrit que le « jeu du tarot » ou « grand jeu » n'était rien d'autre que l'antique livre égyptien intitulé *Livre de Thot* (qu'il traduisit par le mot « tout »).

A travers les siècles, les cartes subirent de nombreuses modifications et innovations: l'un des remaniements les plus typiques et les plus importants à cet égard fut celui qui eut lieu au cours de la Révolution française: les rois, les reines et les valets furent transformés de façon radicale; chaque roi devint un génie (par exemple, le roi de cœur devint le génie de la guerre, le roi de carreau devint le génie du commerce, le roi de trèfle, génie de la paix, le roi de pique, génie des arts); les reines devinrent quatre libertés; les valets, quatre égalités; les as, quatre lois.

D'autres innovateurs allèrent encore plus loin: ils transformèrent les rois en savants, les nommant respectivement Solon, Caton, Rousseau, Brutus; les reines en vertus: justice, prudence, union et force; et les valets en héros. Seules, les couleurs, rouge et noir, ne subirent jamais aucune modification.

D'autre part, les méthodes pour tirer les cartes ont subi l'influence et l'originalité propres à la personnalité de certains cartomanciens. On peut citer à ce propos les méthodes devenues désormais célèbres d'Etteilla et de Mademoiselle Lenormand qui prédit à Bonaparte sa fulgurante carrière à l'époque où il n'était que simple lieutenant d'artillerie, et à Joséphine, son divorce d'avec Napoléon.

Mais quelle que soit la méthode adoptée, on doit toujours retirer du jeu la carte représentant le consultant ou plutôt sa personnalité, quitte à recommencer plusieurs fois.

Avant même d'ouvrir le jeu, le premier travail pour le cartomancien consiste à préparer les cartes, c'est-à-dire à les classer par ordre en les rangeant toutes à l'endroit. Une fois cette opération faite, c'est au consultant de mélanger les cartes à son idée, en en retournant certaines à l'envers. Le cartomancien reprend ensuite le jeu, le bat à son tour sept fois en l'honneur des sept planètes, en concentrant toute son attention sur l'action qu'il est en train de réaliser. Les cartes ainsi mêlées, le cartomancien demande alors au consultant de poser sa main gauche sur le jeu afin que soit établie la chaîne magique, puis de couper le jeu, toujours de la main gauche, laissant sur sa droite le tas le plus gros.

À cet instant précis, le consultant est tout entier tendu vers la personne du cartomancien, sur laquelle il projette son espoir d'obtenir la réponse qu'il est venu chercher: cet état de tension, il le traduit à travers ses moindres expressions, ses gestes, son comportement; bref, son corps tout entier est alors le véhicule de ses idées, de ses sentiments, de ses goûts, et en somme, de ses choix existentiels. Les cartes jouent alors en quelque sorte un rôle de catalyseur, en ce sens qu'elles transmettent l'influx nerveux du consultant au cartomancien qui, recevant les vibrations émises, obtient, selon son degré de réceptivité, la perception de faits situés en dehors de toute contingence spatio-temporelle.

Toutefois, les personnes qui pratiquent la cartomancie ne possèdent pas toutes ces facultés d'intuition et de divination. Il est certain qu'un individu distrait, ou n'ayant aucune mémoire, ou au tempérament lymphatique, ne fera jamais un bon cartomancien.

En effet, tirer les cartes nécessite une attention et une concentration continuelles: chaque carte du jeu a son importance en fonction même de la carte que l'on se propose d'interpréter (et dont le sens peut être modifié ou éclairci par une carte voisine); c'est pourquoi une interprétation qui ne tiendrait pas compte de toutes les cartes en présence, risquerait de fausser la prédiction.

De même, la mémoire est une autre qualité indispensable au cartomancien, qui doit connaître non seulement les multiples significations des cartes françaises, espagnoles et italiennes, mais aussi celles des tarots, et doit posséder de surcroît toutes les séries de combinaisons possibles à l'intérieur d'un même jeu.

Enfin, outre ces qualités, la cartomancie requiert de la part de celui qui la pratique, une tension d'esprit qui le rend apte à capter cet influx nerveux dont nous avons parlé plus haut: l'individu qui ne serait pas doué de ces facultés d'observation et d'intuition ne pourrait recevoir le courant magnétique qui passe à travers les cartes et du même coup ne pourrait accéder à ce don de prescience qui permet de déchiffrer le futur.

La cartomancie est une science, et comme telle, elle impose à celui qui entend s'y consacrer, d'une part, une étude approfondie du matériel dont il dispose, à savoir la signification des cartes et leur correspondance entre elles et, d'autre part, une mise à jour continuelle de ses connaissances afin d'enrichir sa pratique de toutes les précisions et innovations qui interviennent sans arrêt dans le domaine des sciences divinatoires. Mais si la connaissance est essentielle, elle ne saurait suffire. De même que le médecin doit croire en sa profession, de même le cartomancien doit avoir foi en son art. Il doit faire preuve à la fois d'une grande perspicacité pour pénétrer la personnalité de l'individu qui vient le consulter et d'une grande sensibilité car il est des choses difficiles à révéler et qui demandent beaucoup de tact au risque de choquer le consultant.

Nous avons précédemment parlé de Mademoiselle Lenormand en disant qu'elle était l'une des cartomanciennes les plus célèbres de tous les temps. A quoi donc tenait son art? Avant même d'entamer la consultation des cartes, la voyante posait à ses clients une série de quatre questions qu'elle estimait indispensables à une bonne interprétation de l'avenir: ces questions portaient sur l'âge, la profession, l'état civil et l'état de santé du consultant. Mademoiselle Lenormand observait cette ligne de conduite non pas comme un moyen de se faciliter la tâche ou de délimiter d'ores et déjà le champ de sa prédiction, mais dans le but de pouvoir mieux interpréter la signification de certaines cartes ou la combinaison de plusieurs cartes au sens vague ou confus.

Elle sut prédire à Napoléon non seulement ses victoires mais aussi ses défaites; et la notoriété de ses prédictions, malgré les vicissitudes politiques qu'elle dut affronter et les persécutions qu'elle eut à subir, fut telle qu'elle réussit à triompher de tous et de tout.

A propos de Napoléon, nous devons rappeler que le grand empereur prenait toujours soin de consulter les cartes avant d'entreprendre une action quelconque.

Nous avons dit que l'origine de la cartomancie remontait aux temps des civilisations de l'antiquité. Les Egyptiens, les Chaldéens et les Perses la mirent en pratique après avoir arraché à la nature ses principaux secrets. C'est ainsi que, procédant par empirisme, l'alchimie donna naissance à la botanique, à la chimie, à la médecine, de même que l'astrologie et l'astronomie engendrèrent les sciences occultes dont la cartomancie forme l'une des branches.

Après cette présentation rapide et générale de la cartomancie, nous abordons à présent le cadre plus particulier dans lequel se déroule la consultation.

Il faut éviter les pièces trop grandes et trop claires; choisir de préférence un coin de la pièce plutôt que le centre car il est prouvé que la pénombre ou un éclairage diffus favorisent la concentration et la réceptivité de l'esprit. D'autre part, la lumière ne doit en aucun cas se refléter sur le visage du cartomancien, ceci afin d'éviter que le consultant ne puisse saisir les expressions qu'il pourrait laisser transparaître, bien que tout bon cartomancien doive savoir conserver une apparence parfaitement impassible. Son regard doit être aigu et pénétrant, tendu vers la personne qu'il a en face de lui et avec laquelle il doit chercher à établir un contact intérieur continu. Sa voix doit toujours rester douce, calme, musicale, quel que soit le message qu'il a à énoncer: qu'il s'agisse d'un événement heureux, d'une espérance ou d'un malheur. Si l'on en croit Poinsot, un minimum de physiognomonie suffit à une bonne cartomancienne pour saisir l'état d'âme de ses clients. En effet, la cartomancienne doit tenir compte de la personne du consultant, savoir observer son aspect, sa physionomie, le ton de sa voix, toutes choses qui d'ores et déjà lui permettent de tirer certaines déductions, concernant les pensées secrètes, les désirs cachés, et même de pénétrer le passé. Il se produit alors un phénomène complexe, à la fois d'intuition, de clairvoyance, de suggestion, de sorte que la personne qui vient consulter est concentrée entièrement sur la prédiction qui va lui être donnée et se prépare inconsciemment à recevoir la chance ou à affronter le malheur.

Paul-Clément Jagot, l'un des spécialistes les plus compétents et les plus objectifs en matière de sciences occultes, affirme que « la plus modeste tireuse de cartes, manipulatrice inconsciente des arcanes, réalise grâce à l'état second où la place le rite traditionnel, les conditions psychiques voulues pour saisir les imminentes virtualités »; autrement dit, l'exaltation de ses facultés subconscientes lui permet de percevoir, à l'état virtuel, des faits qu'elle situe par rapport au passé, au présent, à l'avenir.

Toujours selon P.-C. Jagot, c'est dans cette partie cachée de nous-mêmes, que l'on appelle l'*inconscient*, que l'on doit chercher l'explication au fait que le consultant, parmi toutes les cartes qui lui sont présentées, choisit celles qui ont un rapport quelconque avec ce qui l'intéresse.

Nous avons signalé, en effet, qu'avant de commencer le jeu, il était absolument nécessaire de préparer les cartes, c'est-à-dire de les ranger par ordre et toutes à l'endroit, et de laisser ensuite le consultant libre d'en retourner certaines: c'est-à-dire que c'est au consultant et à lui seul qu'il revient de déranger l'ordonnance initiale des cartes et ce faisant de modifier leurs significations: en d'autres termes, c'est au consultant qu'est laissée l'initiative du jeu.

Il nous faut donc admettre l'existence d'un courant mystérieux, d'une sorte de fluide, créé par des vibrations personnelles, qui conduit la main à faire un choix parmi les cartes, en la dirigeant vers certaines plutôt que vers d'autres. Ainsi s'établit, entre le consultant et l'interprète, un courant magnétique qui est transmis par l'intermédiaire des cartes d'un individu à l'autre.

Il est par conséquent de toute importance, dans la logique même du jeu, que cette opération préliminaire concernant la disposition des cartes, soit confiée à l'intéressé lui-même, puisque c'est précisément à travers son choix que celui-ci va imprimer au jeu sa volonté, ses désirs, ses pulsions.

Le cartomancien reprend ensuite le jeu, et selon la tradition, le mêle à son tour sept fois, en l'honneur des sept planètes. Ceci fait, il repose le jeu; le consultant doit alors y poser sa main gauche, afin d'établir la chaîne magique, geste symbolique qui représente la transmission du fluide. C'est de cette même main gauche que le consultant coupe le jeu, en plaçant sur sa droite le tas le plus gros. La dernière carte de chacun des deux tas indique l'orientation générale ou, plus précisément, le thème de la consultation; généralement, cette première indication n'a de valeur que pour le cartomancien qui s'abstient de la révéler et peut également en élargir la signification, en consultant la première carte de chaque tas.

C'est à cet instant que s'établit véritablement le courant psychique entre le cartomancien et son client, qui ressent plus intensément le recueillement et la concentration du praticien. Nous pouvons énumérer dès à présent certaines règles fondamentales qui doivent dans tous les cas être observées: on doit toujours couper le jeu de la main gauche; on distribue les cartes de droite à gauche, c'est-à-dire dans le sens contraire à la marche des aiguilles d'une montre, et on effectue la lecture dans le même sens, excepté lorsqu'il s'agit de jeux répartis par groupes ou comportant une disposition spéciale. Tant que le jeu n'est pas terminé, aucun tas ne doit être enlevé de la table ni mélangé avec les cartes refusées, ceci afin de laisser bien en évidence toutes les cartes sorties, de façon à avoir toujours sous les yeux l'intégralité de son matériel de travail.

Dans le jeu réparti par petits tas, il est absolument nécessaire de conserver l'ordre dans lequel les cartes sont sorties et de toujours considérer comme première sortie la carte du dessous; dans ce cas, la lecture peut être effectuée également de gauche à droite.

Tandis que les cartes numérotées représentent les événements et leur succession, la plupart des figures représentent les personnages. A ce propos, il est très important d'établir la carte-sujet: en effet, cette carte est celle qui règle tout le jeu, en ce sens que la prédiction est en fonction du consultant.

14

Plusieurs méthodes sont utilisées à cet effet: certains commencent par la retirer du paquet pour ne jouer qu'avec les autres cartes; d'autres préfèrent la laisser apparaître d'elle-même. Toutefois, cette dernière méthode est préférable à la première car elle a l'avantage de donner une indication concernant le moment où la personne physique du consultant fait réellement son apparition dans le jeu en tant qu'acteur principal.

Si le consultant est un homme d'âge mur, marié, on choisira pour le représenter le roi de carreau; s'il est jeune, ce sera le valet de carreau. Pour une femme mariée, on choisira la dame de carreau; pour une jeune fille, la dame de cœur.

En ce qui concerne les autres figures du jeu, le critère de représentation est analogue à celui qui est utilisé pour la désignation de la carte-sujet; et certains ont coutume d'identifier, à côté de la carte-sujet, d'autres cartes qui peuvent avoir une importance primordiale dans le cadre particulier de la consultation.

Nous devons nous arrêter ici sur un point que nous avons déjà évoqué plus haut lorsque nous avons parlé de la méthode de Mademoiselle Lenormand, et qui revêt ici toute son importance: il s'agit des questions auxquelles le consultant est appelé à répondre. Sans aucun doute, ce dernier préférerait obtenir du cartomancien des prédictions certaines, sans avoir à se prêter à aucun préambule, mais il est bien évident que cela ne serait pas possible si le cartomancien ne possédait au départ un minimum d'information: par exemple, savoir si le consultant est marié ou non, quelle est sa situation économique et sociale, quel est en particulier l'objet de sa visite. Toutefois, ces questions devront être formulées avec beaucoup de tact et de discrétion et devront se réduire au minimum.

Il est un autre point auquel on a coutume d'accorder de l'importance: c'est celui des jours recommandés pour la consultation. Les jours dont le nom comporte la lettre « r » seraient pour certains les plus propices, pour d'autres au contraire les plus défavorables. Selon une croyance populaire assez répandue, les jours conseillés pour consulter seraient le lundi et le vendredi. En fait, mis à part le dimanche qui doit être rigoureusement exclu, il ne semble pas que l'on doive recommander un jour plutôt qu'un autre. Un auteur de la fin du dix-septième siècle va jusqu'à affirmer que non seulement le choix des jours est important mais aussi celui de l'heure. En général, il convient d'éviter de consulter les cartes lorsque le ciel est couvert ou que le temps est à la pluie, au vent ou à l'orage car l'esprit est souvent influencé par le temps.

Enfin, nous devons signaler que la consultation ne peut se dérouler en présence de personnes étrangères et cela pour plusieurs raisons à la fois d'ordre affectif et d'ordre technique : d'ordre affectif, en ce sens que le consultant risquerait de se sentir extrêmement gêné, d'une part du fait de son rapport personnel au contenu même de la prédiction, d'autre part à cause de l'implication possible du tiers présent dans la prédiction ; d'ordre technique, car la présence de plusieurs personnes serait un facteur de distraction et de trouble pour le cartomancien qui, même s'il est doué d'un magnétisme exceptionnel, ne pourrait abstraire son esprit de cet entourage, et par conséquent ne réussirait pas à se concentrer convenablement sur le seul sujet de la consultation. En effet, le fluide ne doit passer qu'entre le praticien et le sujet ; or la présence d'un troisième fluide, même s'il est neutre et passif, exercerait une action perturbatrice qui ne pourrait que déranger à la fois le cartomancien et son client.

Il n'est pas nécessaire, pour tirer les cartes, de disposer d'un jeu spécial ni même de tarots ; en effet, si le tarot représente l'art divinatoire par excellence, les autres jeux ne font pas

moins partie des sciences occultes, et l'on peut fort bien
utiliser un jeu ordinaire, soit de 32 cartes, soit de 52 cartes,
qui présente l'avantage pour le débutant d'être plus facilement maniable. Mais quel que soit le jeu utilisé, il est très
important de bien avoir assimilé la signification de chacune
des couleurs, car c'est précisément sur la base de celles-ci,
en fonction de leur répartition dans le cadre du jeu, que l'on
peut obtenir une première appréciation de l'ensemble du
tableau horoscopique.

La signification générale des couleurs est donc celle-ci:
les *cœurs* indiquent la réussite sur le plan sentimental;
les *carreaux* signifient la réussite sur le plan matériel;
les *trèfles* représentent la chance et la fortune;
les *piques* annoncent les ennuis et les désillusions.

Les cartes espagnoles

A l'origine, le jeu de cartes espagnol, comme le jeu français,
était composé de 56 cartes: 40 cartes appelées cartes blanches, 4 atouts correspondant aux quatre 7, et les autres
cartes appelées « triomphes ».

Ces cartes se divisaient en quatre groupes: les *deniers*, les
coupes, les *épées* et les *bâtons*, qui correspondaient aux quatre catégories sociales: les *deniers* représentaient la bourgeoi-
sie, les *coupes*, le clergé, les *épées*, la noblesse, les *bâtons*,
la paysannerie.

Avec le temps, et au fur et à mesure de l'évolution sociale,
les quatre 10 et les quatre reines furent supprimés et le jeu
fut réduit à 48 cartes.

Les cartes françaises

Le jeu français, tel qu'il se présente actuellement, est composé de 52 cartes, comprenant 12 figures (quatre rois, quatre dames ou reines, quatre valets ou écuyers; les rois correspondant aux rois des cartes espagnoles, les valets aux cavaliers, et les dames ou reines aux valets espagnols) et 40 cartes numérotées de l'as au 10. Les cartes se divisent en deux couleurs: les *rouges* et les *noires*. Appartiennent à la première couleur, les *carreaux* et les *cœurs*; à la seconde, les *trèfles* et les *piques*. Les *trèfles* correspondent aux *bâtons*, les *piques* aux *épées*, les *carreaux* aux *deniers*, et les *cœurs* aux *coupes*.

Les *cœurs* sont de bon augure, les *carreaux* de mauvais présage, les *piques* sont tout à fait défavorables, et les *trèfles* sont mixtes.

Le jeu réduit à 32 cartes

Le jeu de 32 cartes est celui qui est communément utilisé pour jouer au poker. Il comprend les cartes numérotées du 7 au 10, l'as et les figures. Comment en est-on arrivé à cette réduction? Nous avions déjà signalé que dans des temps très anciens, à l'époque où les Pharaons régnaient sur l'Egypte, le chef de famille égyptien avait coutume de consulter chaque jour les oracles. Pour cela, il utilisait 78 piastres sur lesquelles étaient gravés des hiéroglyphes dont il déchiffrait la signification et les combinaisons à des fins divinatoires. Après avoir mélangé les cartes sept fois en invoquant la protection des sept principales planètes formant notre système solaire, il éliminait les 46 piastres supérieures (c'est-à-dire celles qui composaient la partie supérieure du jeu) et ne conservait qu'un jeu réduit de 32 piastres. C'est exactement ce que l'on obtient en ôtant du jeu de 52 cartes, les cartes numérotées du 2 au 6 inclus, en ne gardant que les valeurs du 7 au 10, l'as et les figures.

S'il est vrai qu'il existe un courant continu de vibrations entre le cartomancien et le consultant et que cette énergie occulte préside au choix des cartes aussi bien qu'à leur combinaison et à leur interprétation, il est aussi vrai que ce fluide entre en action quelles que soient les cartes utilisées car il s'agit ici d'une énergie psychique qui se manifeste indépendamment de l'objet qui lui sert, pourrait-on dire, de support.

Desbarolles affirme à ce propos qu'il suffit de croire en un signe quelconque, et de l'interroger à sa manière, pour que ce signe vous réponde et, plus grande est la foi que l'on y met, plus les réponses obtenues correspondent à la réalité.

Parmi tous les jeux de cartes que l'on peut trouver actuellement dans le commerce, il est difficile d'établir lequel est resté le plus fidèle à la tradition, étant donné les remaniements que les cartes ont subis au cours des siècles mais aussi parce que de nombreux cartomanciens se servent de jeux qu'ils ont composés eux-mêmes. Et s'il existe un si grand nombre de jeux, c'est que tous ne sont pas également appropriés à tous les types de consultation. C'est pourquoi l'on peut dire qu'à chaque demande correspond un jeu particulier et une façon spécifique de tirer les cartes. Ainsi l'on peut citer les consultations pour affaires, héritage, procès, aventure sentimentale, voyage, etc.

La signification des cartes

La façon de disposer les cartes, le type de cartes utilisé et le système adopté varient selon le but de la consultation: naturellement, plus le nombre de cartes est réduit, plus la signification attribuée à chaque carte est étendue, de sorte que les probabilités les plus grandes seront obtenues avec les jeux de 52, 56 et 78 cartes.

On conseille aux débutants d'utiliser, tout au moins dans les premiers exercices, les cartes à une seule tête, car la cartomancie attribue à la même carte une valeur différente selon qu'elle est droite ou renversée.

En général, la signification de la carte est fortement amoindrie, tant en bien qu'en mal, lorsque la carte se présente renversée.

Prenons le jeu le plus courant, c'est-à-dire celui des cartes lombardes, comprenant 40 cartes car d'une part, c'est le jeu qui se prête le mieux aux prédictions amoureuses (qui sont les plus fréquentes) mais surtout, c'est le jeu le plus simple à manier pour un débutant non initié encore aux systèmes classiques traditionnels: ce jeu comprend les cartes numérotées de 1 à 7 plus le valet, la dame et le roi qui ont respectivement pour valeur 8, 9 et 10, dans les quatre couleurs de cœur, carreau, trèfle et pique.

Les trèfles

Roi de trèfle: parent, personne âgée, disposée à vous rendre service, généralement éloignée de vous; son intervention dans le jeu justifie et assure le succès.

Dame de trèfle: elle réunit les qualités propres à une femme de bien: protection, sympathie, médiation auprès de personnes influentes, à l'intérieur et à l'extérieur de la famille. Elle vous connaît mais vit loin de vous; souvent elle agit en votre faveur par affection, sentiment ou sympathie; elle vous sera bénéfique bien qu'elle agisse souvent à votre insu.

Valet de trèfle: c'est l'annonce d'un fiancé auquel l'amour sourit. D'autres cartes situées dans son voisinage pourront venir en troubler la sérénité mais, en général, la présence de cette carte signifie bonheur et joie sereine ne laissant aucune prise à la discorde ou à la tristesse.

7 de trèfle: c'est la carte classique de la réussite non seulement en amour mais aussi dans les entreprises signalées par le groupe de cartes examiné.

6 de trèfle: il indique une circonstance heureuse, un événement favorable.

5 de trèfle: annonce un petit héritage d'objets ou, plus généralement, un cadeau important et agréable.

4 de trèfle: la signification fondamentale est celle de l'éloignement mais, à côté de la distance, cette carte exprime une harmonie intime d'ordre familial. Une famille bonne, par conséquent qui vous veut du bien mais qui est loin de vous et qui favorise vos desseins dans une modeste mesure.

3 de trèfle: c'est la carte de la satisfaction, du bien-être et de la joie avec un caractère de continuité. Naturellement, selon les influences des cartes voisines, elle peut signifier qu'un événement déterminé apportera de la joie et que d'autres circonstances se manifesteront sous d'heureux auspices.

2 de trèfle: le 2, dans toutes les couleurs, signifie généralement un voyage (déplaisant, si c'est le 2 de pique; avantageux, s'il s'agit du 2 de carreau; amoureux, s'il s'agit du 2 de cœur; ayant un heureux résultat, s'il s'agit du 2 de trèfle). Naturellement, le mobile du voyage sera révélé par les autres cartes du jeu.

As de trèfle: c'est la carte la plus belle et la plus claire du jeu. L'as de trèfle indique l'espérance, la bonne fortune, la réussite; toutefois, la signification fondamentale est celle d'une lettre apportant la joie ou plus généralement une bonne nouvelle.

Les piques

Théoriquement, les piques ont une signification défavorable; ceci est surtout valable pour le jeu simple (40 cartes) mais nous verrons par la suite que dans les jeux plus compliqués, les cartes considérées comme favorables ou défavorables ont une tout autre signification et, lorsqu'elles sont renversées, elles s'éloignent sensiblement des significations traditionnelles. Nous commencerons toutefois par nous en tenir aux significations du jeu simple.

Roi de pique: il représente en principe un homme âgé, méchant, envieux, enclin au mal. Cette carte indique surtout une personne d'âge mûr et sévère: ce peut être un juge, un avocat, un parent intransigeant, un patron, un individu puissant, un homme d'église. Il peut apporter un ennui ou un malheur mais peut aussi n'être qu'un facteur de sévérité,

d'interdiction, de réprimande. Le caractère plus ou moins sévère de cette carte dépend des autres cartes du jeu.

Dame de pique: une femme jalouse et une amie envieuse sont beaucoup plus dangereuses qu'un roi mauvais. Cette carte est à craindre comme doit l'être en général une femme aigrie, vindicative, spécialement lorsqu'elle n'est plus toute jeune et qu'elle est favorisée par le sort et la beauté. Son action peut devenir dangereuse si elle s'exerce sur le plan du ragot, de la malignité, de la petite dénigration. Naturellement cette carte se prête à des interprétations symboliques comme la menace, les ruptures d'amitié, etc.

Valet de pique: cet homme brun, d'âge moyen, influent, peut être un ami, un collègue, un inconnu mais c'est dans tous les cas, ouvertement ou non, un rival. Il essaiera de vous nuire et ne pourra s'abstenir de médire sur votre compte. Les cartes voisines ne pourront entraver ou contrecarrer ses mauvais projets; elles ne feront qu'indiquer le secteur dans lequel il exerce son influence maléfique: un cœur avoisinant signifiera qu'il est poussé par des raisons amoureuses; un trèfle indiquera la rivalité sur le plan professionnel; un carreau, la concurrence en affaire.

7 de pique: c'est la carte type de mauvais présage, de la malchance, des mésaventures. Elle peut annoncer une maladie, des larmes et, si elle est accompagnée par l'as de pique, la mort (la mort étant la signification en valeur absolue de la carte considérée pour elle-même); combinée avec d'autres cartes, elle peut avoir une signification beaucoup plus favorable.

6 de pique: ce n'est pas une carte néfaste mais elle est très faible: en effet, elle indique la tristesse, l'aboulie, l'isolement, la paresse, l'impuissance, le désir de voir et de faire le mal. Le porteur de ce symbole aime la vie mais déteste l'humanité; il est par instinct vindicatif avec tout le monde car il ne voit que ce que les autres ont et que lui n'a pas, et se sent persécuté par le sort. Cette carte est dominée par une tristesse mortelle vainement tendue vers la joie et l'espérance.

5 de pique: ne présage rien de bon, événements déplaisants, contrariété, dommage moral, soucis, controverses, déceptions provoquées par le comportement d'une personne, parfois aggravation d'une situation, dégradation d'une relation.

4 de pique: c'est la carte de l'envie et de la fausse amitié: famille ou personne envieuse, personne ou famille faussement amie. Elle indique également une compagnie assez mauvaise et donc à éviter ou tout au moins à n'accepter qu'avec beaucoup de prudence. Attention aux cartes avoisinantes.

3 de pique: on l'appelle la carte du joueur (soit celui qui s'adonne aux jeux de hasard, soit celui qui se jette à corps perdu dans le jeu de la vie, de l'amour, du destin). Le 3 de pique annonce désillusions, jeu et perte, et perte non seulement au jeu proprement dit mais aussi dans les affaires, dans les voyages, dans les initiatives, en politique. C'est une carte terriblement prémonitoire.

2 de pique: quelle que soit sa couleur, le 2 indique toujours le voyage. La couleur précise le motif et le résultat du voyage: mésaventures et déplaisirs ou également, s'il est combiné avec d'autres cartes favorables, voyage entrecoupé de contretemps, de surprises, d'imprévus plutôt déplaisants.

As de pique: les as en général annoncent une lettre; et plus particulièrement, l'as de pique indique que cette lettre apportera douleur et contrariété. Mais la carte signifie également jalousie, désillusion et déplaisir; elle figure parmi les cartes les plus défavorables du jeu mais son sens peut être atténué sous l'influence des autres cartes avoisinantes. Voisine d'un cœur, elle signifie la rupture d'une relation amoureuse; combinée avec le 7 de pique, elle annonce la mort; une figure intercalée entre le 7 de pique et l'as de pique indique le suicide. Mais si elle est située à côté de deux trèfles, le maléfice sera conjuré; si elle se trouve à côté d'un cœur et d'un trèfle, les difficultés seront surmontées, bien qu'au prix de beaucoup de peine. C'est une carte à redouter et à ne négliger en aucun cas car, lorsque l'on connaît d'avance le danger auquel on est exposé, il est possible de s'en préserver.

Les carreaux

Alors que les piques sont tout à fait funestes et les trèfles nettement favorables, les carreaux et les cœurs servent à préciser le secteur dans lequel les deux autres exercent leur influence, bonne ou mauvaise: les carreaux indiquent l'argent, les affaires, les biens matériels, tandis que les cœurs signifient les valeurs spirituelles et sentimentales.

Roi de carreau: c'est une personne riche, altruiste, puissante et généreuse. Ce n'est pas le père, c'est probablement un parent éloigné du consultant. De toute façon, c'est une personne haut placée, hospitalière, désireuse de faire le bien autour d'elle; en particulier, elle souhaite votre bonheur et fera sans aucun doute quelque chose pour vous aider à le trouver.

Dame de carreau: femme riche qui exerce indirectement des influences favorables et accomplit des opérations financières utiles pour le consultant.

Valet de carreau: la valeur numérique élevée du valet indique l'aisance, tandis que la couleur rouge vif signifie clairement intelligence et sensibilité. Un cœur à ses côtés pourra indi-

quer des intentions ou un comportement amoureux destinés au succès s'ils sont complétés par une carte de trèfle. Un valet de carreau peut aussi représenter un jeune militaire qui, s'il est accompagné d'un 2 de cœur, accomplira par amour un voyage dont le succès sera assuré par la présence d'un trèfle.

7 de carreau: dans tous les jeux, le 7 de carreau représente un honneur, c'est lui que l'on appelle le « beau sept ». En cartomancie, il signifie une situation excellente, une carrière brillante, une existence heureuse. La signification symbolique de la carte exprime l'idée d'une personne née pour être heureuse, favorisée par les biens matériels et en même temps par les autres dons de la vie tels que l'amour, la chance, la notoriété et la réalisation de ses propres aspirations.

6 de carreau: alors que le 6 de pique indique perte et déception, et cela pas uniquement au jeu, parallèlement le 6 de carreau annonce un petit héritage, un gain au jeu, une rentrée d'argent, un résultat favorable dans les actions entreprises.

5 de carreau: cette carte annonce un cadeau que vous devez recevoir et non pas donner car, dans ce dernier cas, il représenterait une perte et contrasterait alors avec les caractéristiques générales des carreaux.

4 de carreau: il se rapproche des significations du 7 de carreau tout en ayant une valeur plus atténuée. Symboliquement, il représente une moyenne entreprise de commerce ou d'un autre type, des intérêts, une situation aisée, un travail.

3 de carreau: nous retrouvons la signification précédente mais encore plus réduite; le 3 de carreau exprime des valeurs d'intérêts, de travail, d'emploi, ceci dans une mesure plus modeste.

2 de carreau: voyage pour affaires dont le résultat sera indiqué par les cartes voisines.

As de carreau: tous les as annoncent une lettre qui, dans ce cas, aura trait à des intérêts ou à des affaires. Et l'as étant toujours une carte favorable, il annoncera des affaires, des droits à un héritage ou des placements d'argent.

Les cœurs

Lorsque de nombreuses cartes de cœur apparaissent dans le jeu, le consultant peut à juste titre se sentir favorisé par le sort. La prépondérance des cœurs ou leur présence en assez grand nombre et bien équilibrée dans le jeu permet d'ores et déjà de prévoir une réponse favorable.

Roi de cœur: il représente une personne âgée qui peut être un ami ou un parent, parfois même une connaissance. Son caractère distinctif est la sincérité, accompagnée de manifestations de générosité et de prodigalité.

Dame de cœur: ce peut être une femme jeune ou âgée, amie, conseillère ou compagne; de toute façon, c'est une personne affectueuse, empressée et sincère.

Valet de cœur: c'est la carte de l'amour; elle représente un jeune homme loyal, un ami sûr, un compagnon sincère. On lui attribue en général la signification du jeune homme amoureux; dans l'amitié, il sera un allié précieux et dans le travail, un excellent collègue.

7 de cœur: c'est une carte qui indique une amitié solide qui n'engendrera que des satisfactions. C'est également un présage d'amour et de joie; les succès sentimentaux semblent assurés lorsqu'aucune carte indésirable ne vient troubler le voisinage du 7.

6 de cœur: mariage probable, union conseillée, suggestions que l'on doit écouter et suivre. Il peut également signifier une rencontre amoureuse suivie d'un lien intime ou aussi d'union irrégulière mais heureuse, et peut-être destinée par la suite à être régularisée.

5 de cœur: c'est une carte assez faible, mais de bon augure. Elle signifie bonne action, sentiment d'affection vague et privé d'action. De toute façon, la valeur numérique située à la moitié de l'échelle du jeu, donne une certaine intensité aux cartes voisines dont elle modifie la signification dans un sens affectif.

4 de cœur: amis, connaissances ou aussi famille qui vous expriment leur sympathie et leur estime.

3 de cœur: annonce de fiançailles. Au voisinage du 6 de cœur: ces fiançailles aboutiront au mariage.

2 de cœur: signifie un voyage motivé par des raisons sentimentales.

As de cœur: annonce une lettre affectueuse ou amoureuse; c'est une carte de valeur élevée, et par conséquent elle peut également signifier une réussite en amour ou un événement romantique et sentimental d'une grande importance.

L'examen détaillé des significations, tel que nous venons de le faire, montre un grand nombre de lacunes qui sont comblées dans les autres jeux plus complets et en particulier dans ceux qui sont composés entièrement par des figures; en effet, ces jeux comportant un bien plus grand nombre de cartes laissent à l'interprétation une possibilité beaucoup plus étendue.

Dans le jeu réduit à 40 cartes qui représente le premier pas vers la pratique divinatoire, nous avons dû simplifier les significations afin de permettre à la mémoire de les assimiler, à la pensée de les associer et de les dissocier, à l'imagination de les remodeler en fonction d'un certain vécu et d'une pratique spécifique. Le premier exercice consiste donc en une gymnastique de l'esprit et une perspicacité créative.

Nous avons donc appris que les figures représentent des personnes physiques, c'est-à-dire soit des parents, soit des amis ou connaissances; qu'une reine peut représenter aussi bien une femme jeune qu'une femme âgée, et que c'est de sa valeur que dépendront ses qualités: la dame de trèfle étant une personne flatteuse; la dame de pique, vindicative; la dame de carreau, dispensatrice; la dame de cœur, aimante. Le valet représente toujours un jeune homme; le roi, un homme âgé: le roi de carreau est favorable et bien disposé; le roi de cœur est amoureux et généreux; celui de pique est un homme austère, revêche et sévère; le roi de trèfle est prêt à intervenir comme médiateur et pacificateur.

Les différentes couleurs peuvent également définir des talents artistiques: par exemple, les cœurs désigneront des qualités littéraires; les carreaux, des talents plastiques; les piques signifieront des possibilités créatrices, etc.

Mémoire, perspicacité, imagination et logique sont, par conséquent, les facultés de base nécessaires au praticien. A cela doit s'ajouter la parole persuasive qui donne au discours son accent de vérité rendant le message crédible et évident.

Une fois que le débutant sera capable d'évaluer à première vue un ensemble de cartes sur la base de la prédominance d'une ou de plusieurs couleurs et du nombre de figures et de valeurs numériques élevées, il lui faudra assimiler la valeur absolue de chaque carte. Il existe des cartes, telles que les figures, l'as, le 2 et le 7, qui ont une signification presque toujours constante, modifiée uniquement par les caractéristiques de la couleur. Quel que soit le système mnémotechnique utilisé à cet effet, il est toujours bon pourvu qu'il permette d'associer la valeur symbolique et la valeur analogique.

Le jeu par 13

On bat les cartes et on fait couper le jeu de la main gauche par le consultant; on procède ensuite à la distribution.

On commence par mettre à part la carte du consultant, puis on prend la 1ere carte du paquet posé à l'envers et on la retourne sur la table; de même, on retire du paquet la 13e carte, la 26e et la 39e, puis on retire à nouveau la 1ere carte du paquet, la 13e et la 26e, opération que l'on répète encore 2 fois: ce qui fait un total de quatre opérations au terme desquelles on aura choisi 13 cartes (sans compter la carte-sujet). On peut alors commencer à lire la signification des cartes en respectant l'ordre dans lequel elles ont été tirées.

Nombre de gens estiment qu'il est préférable de laisser dans le jeu la carte du consultant, afin que celui-ci entre de lui-même et naturellement sur la scène du jeu, parmi les autres cartes (nous partageons nous aussi cette opinion). Néanmoins, pour ce qui est du jeu par 13, nous estimons qu'il est nécessaire, pour la bonne marche du jeu, de désigner préalablement la carte-sujet et de la disposer à l'écart du reste du jeu. L'intéressé aime se voir d'emblée comme acteur-sujet et essaie toujours de saisir un sens de lui-même, bien que, au moment de la réponse, sa volonté soit presque toujours dominée par le cartomancien, par des sentiments divers et par les cartes « qui parlent ».

Donnons un exemple: le consultant est une personne riche

et influente. Le jeu se présente sous un jour exceptionnellement favorable avec une absence de cartes de pique. Les carreaux sont prédominants: par conséquent, la consultation est assurément favorable aux affaires (le consultant est un homme âgé qui consacre son temps à des opérations financières), sans pour autant exclure les sentiments (présence de trois cartes de cœur, dont le roi et le valet qui sont des figures importantes, tandis que la troisième, le 6, est la carte annonçant les fiançailles et le mariage).

D'autre part, trois belles cartes de trèfle garantissent la réussite (7 de trèfle) et annoncent deux voyages dont l'un (2 de carreau) d'intérêt, l'autre venant couronner le succès du précédent. Dans la vie de cet homme, au moment de la consultation, ne figure aucune femme. Par ailleurs, le jeu est tout à fait remarquable par le redoublement ou la répétition de certaines cartes: deux rois, trois 6, quatre as, etc. On note également deux splendides cartes dans de bonnes couleurs: les deux 7, plus la paire de 2 et la paire de 4, c'est-à-dire deux voyages et deux maisons, selon la valeur absolue.

On peut donner ici une règle d'interprétation: si la première ou la seconde carte est une figure, les quatre cartes du premier groupe se rapportent à cette figure car normalement les groupes de cartes se lisent horizontalement, à l'exception du dernier groupe de cinq cartes; le sujet de l'action, lui, est représenté par la carte-sujet dont nous avons déjà cité toute l'importance.

Le jeu par 11

Il est plus difficile que le précédent et figure parmi les plus intéressants que l'on peut faire avec le jeu de 40 cartes: en effet, il comporte un tableau particulier de valeurs faisant intervenir un alphabet plus étendu.

Les cartes

Roi de trèfle: homme âgé, sincère, parent éloigné, qui s'intéresse à vous et sur lequel vous pouvez toujours compter en cas de besoin. S'il précède un valet ou une dame, il est le père de celui-là ou de celle-ci.

Roi de pique: homme méchant, ambitieux, têtu, prêt à vous faire du mal et à médire de vous. Suivi d'une reine, il poussera une femme à vous nuire. A côté de la dame de pique: mauvais sort.

Roi de cœur: homme bon, loyal, ami affectionné, oncle ou parent éloigné. Il fera tout pour vous être utile et tiendra à votre égard un rôle de protecteur.

Roi de carreau: avocat, commerçant, homme d'affaires riche et influent. Il peut faire beaucoup de choses pour vous. En général, c'est une personne riche qui agit dans votre intérêt.

Dame de trèfle: elle a la même valeur que le roi de trèfle, tout en étant une femme.

Dame de pique: femme jalouse, fausse amie, qui vous trahit et vous jouera un mauvais tour. Voisine de l'as de pique, elle annonce la ruine.

Dame de cœur: épouse, fiancée, amante, amie. Femme qui vous aime et qui vous protège.

Dame de carreau: même signification que le roi de carreau tout en étant une femme.

Valet de trèfle: fiancé, jeune homme intelligent et sincère, compagnon dévoué et affectionné.

Valet de pique: jeune homme méchant et faux. Il essaiera de vous nuire dans les affaires et en amour. Situé à côté de la dame de cœur, il aime votre femme et fera tout son possible pour vous l'enlever, en particulier par la calomnie.

Valet de cœur: jeune homme bon, sincère. Il peut être votre mari, votre fiancé ou quelqu'un qui éprouve pour vous une grande sympathie.

Valet de carreau: jeune homme riche, de talent (il pourrait être un artiste ou un intellectuel); c'est un camarade de travail ou un associé.

7 de trèfle: chance, désir qui sera satisfait. Projet ou affaire aboutissant à la réussite. Voisin du 7 de pique, il signifie projet entravé ou, en fonction également des autres cartes, projet qui s'envolera en fumée.

7 de pique: malchance, maladie, larmes, pertes d'un procès. Lorsque c'est la première carte du jeu, elle influence tout le jeu d'une façon défavorable.

7 de cœur: amitié sûre et sincère qui vous apportera bien

des satisfactions et que vous devrez par conséquent cultiver. Voisine du 7 de carreau, elle annonce la chance dans les affaires grâce à des amis ou à des connaissances.

7 de carreau: bonne carte; argent, bon placement, situation excellente, carrière brillante. Voisine du 7 de trèfle, elle signifie que vous serez satisfait de votre situation et que vous en tirerez honneurs, gloire et tranquillité.

6 de trèfle: heureux événement. Voisin du 7 de cœur, il indique un mariage.

6 de pique: il vous arrivera une aventure déplaisante; contrariété, grande douleur, dispute.

6 de cœur: excellent parti; mariage heureux. Voisin de l'as de pique, mariage envolé.

6 de carreau: gain à la loterie ou au tiercé. Cadeau: voisin de la dame de cœur, il sera offert par l'épouse ou par la fiancée.

3 de trèfle: satisfactions, joie; à côté de la carte du mariage, elle signifie bonheur dans le ménage. Suivie d'un valet ou d'une dame de cœur, elle indique la naissance d'un enfant.

3 de pique: perte au jeu ou en affaires; dommages morales. Découragement et manque de confiance; les espoirs s'envolent; tristesse.

3 de cœur: fiançailles, bonheur dû à un grand amour. Bonnes intentions, preuve d'affection, espoir, promesse ou certitude d'amour.

3 de carreau: art, commerce, industrie, travail. Voisin du 7 de pique, il signifie une lettre annonçant une perte d'argent. Voisin du 7 de trèfle, il indique la réussite d'une affaire entreprise, la signature d'un bon contrat, l'occasion inespérée d'améliorer votre situation.

2 de trèfle: voyage, promenade, excursion agréable.

2 de pique: voyage déplaisant imposé par des raisons graves et douloureuses pour vous. Voisin du roi ou de la dame de pique, il indique une mauvaise rencontre soit masculine soit féminine.

2 de cœur: voyage motivé par des raisons amoureuses. Voisin du 3 de cœur, il signifie un voyage motivé par des fiançailles. Précédant le 6 de cœur, il indique un voyage que vous ferez pour vous rendre à un mariage. Précédé du même 6 de cœur, il signifie un voyage de noces. Situé avant une figure, il indique que vous vous rendrez chez la personne représentée par cette figure; vous ferez un voyage avec cette même personne, si le 2 de cœur est situé après cette figure.

2 de carreau: voyage, promenade, rencontre. Voisin de la dame de cœur, il indique la visite de votre fiancée; voisin de la dame de carreau, une femme qui vous aime vous rendra visite; voisin de la dame de pique, une femme vous apportera un grand malheur.

As de trèfle: espérance, lettre qui vous apportera joie, bonheur et conseils pour éviter des ennuis ou pour résoudre une situation difficile.

As de pique: lettre qui vous apportera un découragement. Carte de mauvais augure qui annonce la rupture de contrats d'affaires si elle est voisine d'une figure de carreau, de relations amoureuses si elle est voisine de la dame de cœur, de rapports amicaux si elle est voisine de la dame de trèfle; si elle est voisine de la dame de pique, elle indique la rupture par jalousie.

As de cœur: lettre de l'épouse ou de la fiancée. S'il précède le 3 de cœur, la lettre annonce des fiançailles; s'il suit le 6 de cœur, elle annonce un mariage.

As de carreau: annonce une lettre concernant, en particulier, des intérêts.

Il est nécessaire de connaître à la perfection la valeur symbolique attribuée aux cartes en général car, le nombre des cartes en jeu étant limité, les significations s'en trouvent, du même coup, élargies. Il est d'usage de recommencer le jeu par trois fois: à chaque tour, on met de côté une carte-surprise de façon à avoir 3 cartes pour la réponse finale. Au contraire, si on ne fait le tour qu'une seule fois, les cartes dont on disposera à la fin seront seulement au nombre de deux.

Voici comment l'on doit procéder: on tire la carte-sujet et on la retourne sur la table. On mêle ensuite les cartes et on fait couper le jeu. Puis on fait choisir 9 cartes que l'on aligne sur la table, plus deux que l'on garde pour la réponse finale. Lorsque la réponse est contradictoire, le cartomancien peut recommencer le jeu à la demande du consultant. Si dans la surprise finale apparaissent deux figures, on doit tirer deux autres cartes jusqu'à ce que les cartes-surprise ne fassent plus apparaître aucune figure.

Le jeu par 7

Ce jeu est, selon certains, le plus digne de foi car il est fondé sur des données arithmétiques et le plus intéressant car il offre une grande variété de combinaisons.

Après avoir mis de côté la carte-sujet et avoir coupé le jeu de la façon habituelle, on tire 7 cartes que l'on dispose à l'envers en paquet; on passe 5 cartes que l'on pose à part et on tire à nouveau 7 cartes que l'on dispose encore en paquet. Puis on répète cette même opération une troisième fois. En ajoutant les 15 cartes que l'on a écartées, les 21 cartes formant les trois paquets et la carte-sujet, on obtient un total de 37 cartes; les 3 cartes qui restent constituent la surprise.

Normalement ces opérations sont effectuées en tirant les cartes les unes après les autres dans l'ordre suivant: on tire les 7 premières cartes, puis les 5 suivantes destinées à être écartées, puis les 7 autres et les 5 suivantes, et ainsi de suite. C'est précisément en raison de cet ordre, qui procède suivant une progression arithmétique, que l'on a qualifié ce jeu de facile et sûr. Toutefois, certains préfèrent procéder selon les lois du hasard, afin de laisser libre champ à la transmission du fluide et font choisir au sujet les cartes à tirer.

D'autre part, il existe une variante dans la technique du jeu: nous avons devant nous trois paquets plus la surprise, le tout se rapportant à la carte du consultant qui domine, au sommet du jeu. On effectue la lecture du premier tas, puis celle du deuxième, puis celle de la surprise et en dernier celle du troisième paquet qui représente la véritable surprise de l'ensemble de la consultation.

Cette transposition inhabituelle se justifie de la façon suivante: il pourrait se faire que la signification des premiers paquets soit complètement annulée par la surprise: le consultant resterait alors sans réponse et il faudrait recommencer le jeu. Mais il pourrait en déduire que son destin est confus et contradictoire (ce qui ne serait pas nécessairement faux) et de toute façon, il perdrait pour toujours tout optimisme et tout espoir.

Au contraire, si l'on effectue la lecture du troisième paquet après la surprise, on obtient toujours la réponse définitive, même si celle-ci annule la signification des deux premiers paquets.

L'étendue du champ d'interprétation que l'on attribue à ce jeu est déterminée par le fait qu'à chaque paquet, on a l'habitude de donner une signification particulière, selon ce que l'on désire savoir: par exemple, le premier paquet peut concerner la maison, le second l'amour, le troisième les affaires; ou bien, selon la méthode habituelle: « ce qui a été, ce qui est, ce qui sera ». Donnons quelques exemples pratiques.

Premier paquet, l'amour: dans le tableau initial qui pose les fondements mêmes de la consultation, le jeu se présente bien: deux seules cartes de pique; trois cartes de trèfle indiquent une bonne réussite, parmi lesquelles le 7 est excellent et le roi prometteur. Le reste des cartes, de cœur, laisse présager une bonne réussite en amour. L'absence de carreaux, concernant les affaires, les intérêts, l'argent, laisse donc une place prépondérante au sentiment. Nous allons étudier maintenant les significations.

Litige ou dispute, désaccord désagréable qui s'arrangera et s'achèvera finalement dans la joie des fiançailles grâce à une autre personne qui jouera un rôle de médiateur (5 de cœur) tandis que la première carte conductrice (3 de cœur) laisse présager un mariage heureux.

Un homme d'âge mûr qui éprouve pour vous de la sympathie jouera un rôle de médiateur et de pacificateur mais son intervention n'obtiendra pas de succès immédiat car elle sera contrecarrée par des personnes envieuses qui répandront des ragots (4 de pique).

Second paquet, la maison, les affaires: ici encore, la part la plus importante est occupée par les cartes de la réussite (trèfles), de l'amour (cœurs) et aussi des affaires (carreaux); les piques ne sont présents qu'en petit nombre et, par conséquent, leur action néfaste s'en trouve extrêmement réduite. On doit remarquer la carte représentant le fiancé, c'est-à-dire que celui-ci est présent en personne et fait figure d'acteur sur la scène du jeu. Cette fois encore la réponse est favorable. Le 6 de cœur indique un excellent parti à tous les points de vue, aussi bien sentimental qu'économique. Toutefois, en ce moment précis, le fiancé traverse une crise de découragement due à des pertes subites qui ont frappé sa maison et son patrimoine. A ces pertes s'ajouteront de nouveaux revers de fortune qui seront soulagés par un petit héritage ou par la réussite inespérée d'une affaire (5 de trèfle).

Il existe un dernier espoir: découvrir les cartes de la surprise pour bouleverser le résultat.

Les cartes sont assez bonnes. Elles viendront couronner d'heureuse façon les réponses précédentes, s'il n'y avait la présence de l'as de pique, qui avec le 7 de pique représente la carte la plus mauvaise de tout le jeu; cet as, en effet, signifie que votre fiancé aura à subir de nouveaux revers de fortune.

Troisième paquet, ce qui arrivera: le tableau est dominé par les cartes de pique; cela confirme les incertitudes que laissaient voir les cartes de la surprise, et annule l'optimisme des deux premiers paquets. Le fiancé entretient des rapports très étroits avec une femme altière et riche pour laquelle il accomplira un voyage. A la base de cette relation, il existe vraisemblablement aussi des raisons d'intérêt: soit que le jeune homme espère obtenir un soutien financier pour ses affaires qui vont de plus en plus mal, soit que la femme aime la prodigalité de son ami. Les cartes disent encore que la femme va le trahir et nourrit, dans cette intention, des projets insensés.

Et les relations sentimentales ne sortiront pas indemnes de la tempête: le jeune homme, lié à cette femme, ne pourra malgré tout se détacher d'elle aussi rapidement et il ne restera à la fiancée consultante que de bien faibles espérances.

Au point où nous en sommes, nous ne devons rien négliger: en principe, la consultation doit se dérouler en présence du cartomancien dans les conditions matérielles et psychiques dont nous avons déjà parlé, conditions qui permettent à l'énergie magnétique de se transmettre et de créer le courant nécessaire. Dans de nombreux cas, le cartomancien joue le même rôle que le médecin ou que le confesseur, et parfois même davantage. Nous rappellerons ici les propos de Desbarolles qui affirmait qu'il suffit de croire en un signe quelconque et de l'interroger à sa manière pour que ce signe vous réponde.

Une confiance inconditionnelle dans les regards du cartomancien crée déjà à elle seule une force et une communication magnétiques. Du reste, nous connaissons déjà tous les phénomènes de télépathie, de suggestion, d'autosuggestion, de transmission de pensée et ainsi de suite. Dans certains cas, un texte manuscrit ou une photographie suffisent à guider une étude divinatoire.

Les grandes croix ou 3 croix

Ce jeu est considéré comme l'un des plus suggestifs. Il se joue avec 25 cartes dont l'une est constante (la carte du consultant), tandis que 3 autres constituent les cartes-surprise destinées à la réponse finale: ce sont les 3 cartes qui se trouvent placées à la tête de chacune des trois croix.

Dans ce jeu également, les croix peuvent avoir des significations analogues à celles des paquets dans le jeu précédent: par exemple, la première croix peut représenter l'amour; la seconde, la maison, avec toutes les situations qui concernent la famille et la troisième, la vie sociale et relationnelle en général.

Voici comment l'on procède: on commence par tirer la carte-sujet que l'on place au milieu de la table. Puis on choisit 8 cartes que l'on tire une à une et que l'on répartit en respectant l'ordre indiqué par la valeur numérique de chaque carte.

Lorsque l'on a ainsi formé la première croix, on lit la signification de chaque carte en relation avec les cartes voisines, comme on a appris à le faire avec les jeux précédents. Puis, on place à part la carte de tête (n° 1) pour la surprise et on enlève les 7 autres. On répète alors l'opération, c'est-à-dire que l'on remplace par 8 autres cartes celles de la première croix, à l'exception de la carte-sujet qui reste inchangée; on effectue la lecture des nouvelles cartes, puis on procède de la même façon pour la troisième croix. On se trouve, à la fin, avec les 3 cartes n° 1 de chacune des croix qui constituent la surprise. Il est nécessaire, dans le jeu des 3 croix, de lire très soigneusement les cartes afin d'éviter les contradictions et les incertitudes car ici le nombre des cartes en jeu est important, ce qui entraîne un champ d'investigation plutôt étendu.

Le jeu de 32 cartes

Le jeu de 32 cartes se compose des valeurs suivantes, par ordre décroissant: as, roi, dame, valet, 10, 9, 8, 7, et cela dans chacune des quatre couleurs. A ces cartes s'ajoute la carte blanche qui, lorsqu'elle est dans le bon sens, représente la personne pour laquelle on tire les cartes et, lorsqu'elle est renversée, représente l'individu (homme ou femme) auquel le consultant porte le plus d'intérêt.

Ce chapitre est important parce que le lecteur sera guidé vers des formes plus complexes et acquerra la connaissance des rapprochements ou rencontres entre cartes de couleur différente ou cartes de même couleur, et surtout, la connaissance des valeurs diverses selon que la carte se présente droite ou renversée. Car il ne faut jamais oublier le principe général suivant lequel la signification de chaque carte et des rapports qu'elle entretient avec les cartes voisines, se trouve modifiée (soit augmentée, soit amoindrie) par la position dans laquelle elle se présente.

Les sciences occultes ont attribué à la carte renversée des significations dérivées du grand hermétisme égyptien, significations qui sont tout à fait différentes de celles que l'on attribue à la même carte placée « à l'endroit »: c'est la raison pour laquelle, tout bon cartomancien doit nécessairement connaître les deux valeurs absolues de chaque carte, ainsi que les significations des groupements de cartes. Afin que le lecteur ne puisse faire de confusion, nous ne présenterons ici que les principales significations groupées.

Les rapprochements ou rencontres

Quatre rois: appuis, honneurs, réussite (un ou plusieurs rois renversés indiquent des difficultés).

Trois rois: appui moins puissant que 4 rois.

Deux rois: bon conseil. L'un d'eux renversé: désaccord. Les deux renversés: dispute.

Quatre reines: ragots et cancans. Renversées: la signification en est augmentée.

Trois reines: critiques et ragots. Renversées: modification dans un mauvais sens.

Deux reines: curiosité. Renversées: curiosité malsaine.

Quatre valets: batailles.

Trois valets: questions.

Deux valets: discussions.

Quatre 10: bon changement de situation.

Trois 10: ennuis d'argent. Perte d'un procès.

Deux 10: rentrée d'argent inattendue.

Quatre 9: imprévu agréable.

Trois 9: satisfaction dans les choses entreprises.

Deux 9: satisfaction moins importante.

Quatre 8: inquiétudes. Renversés: le contraire.

Trois 8: appui venant de la famille. Renversés: le contraire.

Deux 8: déclaration d'amour. Renversés: vous devez la repousser.

Quatre 7: ennemis.

Trois 7: naissance dans la maison. Renversés: abandon, trahison, douleur.

Deux 7: passion amoureuse irrésistible. Renversés: l'objet de cette passion amoureuse vous trompe.

Quatre as: triomphe. Renversés: obstacles au triomphe.
Trois as: excès de bonté. Renversés: vous devez craindre un abus de confiance.
Deux as: projet d'union. Renversés: rupture de ce projet.

En synthétisant les significations par groupe, nous avons voulu insister sur la nécessité de simplifier pour faciliter la compréhension et l'assimilation; et maintenant que vous avez appris à connaître la technique des groupements, vous devez vous habituer aux significations des rapprochements de cartes ou rencontres, c'est-à-dire au sens particulier que les cartes acquièrent lorsqu'elles se trouvent placées au voisinage les unes des autres. Ces valeurs par rapprochement sont en général indépendantes des valeurs absolues des cartes et se prêtent à une très grande variété de combinaisons. Elles laissent par conséquent à l'interprétation divinatoire une immense gamme de possibilités.

Chaque carte peut se combiner avec les 31 autres; par conséquent, pour chaque carte on peut avoir trente et une significations. Et ces significations sont elles-mêmes modifiées par les groupements de cartes, par les rencontres, par les valeurs droites ou renversées.

Toutefois, afin de permettre au débutant d'acquérir la pratique indispensable et d'assimiler ces combinaisons complexes, nous nous limiterons à faire une synthèse des rencontres les plus importantes, c'est-à-dire celles qui sont nécessaires et suffisantes pour une bonne interprétation.

Consultante brune: dame de trèfle. Voisine d'un roi de la même couleur suivi d'une carte de cœur, elle signifie mariage de cœur. Si ce roi est au contraire suivi d'une carte de trèfle, elle signifie mariage d'intérêt.
Consultante blonde: dame de cœur. Entourée de valets: nombreuses aventures sans résultats.

Consultante jeune: valet de cœur. Voisin d'une reine et d'un roi: mariage sûr.

Consultante âgée: 3 de trèfle ou de cœur; reine de pique, si elle est veuve. A côté du roi de pique: nouveau mariage.

Entourée de trèfles: argent. Entourée de cœurs: affection. Entourée de piques: maladies.

Examinons à présent les différentes cartes.

Roi auprès de la dame de carreau: intrigues.

Roi auprès du 9 de pique: maladie (grave si de l'autre côté se trouve le 10 de pique).

Roi auprès du 10 de carreau: voyage dans un prochain délai.

Roi auprès de la dame de sa couleur: mariage en vue.

Roi auprès d'une dame voisine d'un cœur: amitié.

Roi auprès d'une dame voisine de deux 7: passion irrésistible.

Dames de carreau et de pique entourées par des cœurs: on cherche à vous nuire.

Dame de carreau auprès du valet de pique: trahison.

Valet auprès de la dame de cœur: amourette. S'il est voisin d'un roi, il annonce un mariage.

Valet auprès d'un roi: protection.

Valet de pique auprès du valet de carreau: attention aux domestiques.

10 de carreau voisin d'un 8 rouge: voyage en mer.

10 de pique auprès du 10 de carreau: vous hériterez d'un parent éloigné.

9 de pique voisin du 8 de pique: grave maladie.

9 de pique voisin d'une autre carte: ennui, désagrément.

9 de carreau voisin d'une autre carte: retard, contretemps.

8 de carreau voisin d'un cœur: petit voyage.

8 de carreau voisin d'un trèfle: voyage d'intérêt.

7 de carreau voisin d'un pique: violente colère.

7 de carreau voisin d'un trèfle: violente colère pour des raisons d'intérêt.

7 de carreau voisin du valet de pique ou de la reine de carreau: trahison d'amour.

As de pique et 7 de carreau: proposition galante à repousser.

As et 8 de pique: déception.

As et 9 de pique: abandon.

As et 10 de carreau: lettre venant de l'étranger.

As et 7 de carreau: violente colère.

As de carreau et 9 de pique: maladie.

Nombreuses figures: grande réunion à laquelle vous participerez. Une série complète — as, roi, dame et valet — dans la même couleur, signifie un mariage. Pour les piques, la signification est contraire.

Il ne faut jamais oublier que les *cœurs* indiquent la joie, le plaisir, le bonheur, les espoirs réalisés. Renversés, ils sont moins prestigieux et signifient retards, obstacles, contretemps, ennuis.

Les *carreaux* sont moins favorables: ils annoncent des lettres déplaisantes, des mésententes.

Les *piques* sont en général de mauvais augure.

Les *trèfles* signifient affaires, intérêts, argent. Renversés, ils annoncent des difficultés.

Le jeu de 32 cartes, comme les jeux précédents, possède lui aussi une table de significations propres à chaque carte; ces significations ne sont pas très différentes des significations que nous avons étudiées précédemment. Nous les avons classées sous forme de tableau synthétique, en précisant le double sens de chaque carte, c'est-à-dire lorsqu'elle est droite ou renversée.

La valeur et la couleur

As de cœur: droite: bonheur en famille, harmonie, sérénité intime (accompagné par une figure, il indique une réunion joyeuse en famille). Renversée: allégresse forcée, mésentente, disputes en famille, désaccords.

Roi de cœur: droite: homme sympathique, en général blond, aimable, distingué, protecteur. Renversée: le même type d'homme mais d'un caractère désagréable, tuteur avare, faux protecteur.

Dame de cœur: droite: femme blonde, aimable, vertueuse, généreuse. Renversée: obstacles amoureux ou d'un autre ordre, mais toujours sentimentaux.

Valet de cœur: droite: jeune homme blond, loyal (situé devant une carte de pique, il indique un voyageur ou un inconnu). Renversée: la pensée de ce jeune homme.

10 de cœur: droite: amour, travail, activité professionnelle en général, dot considérable. Renversée: héritage, surprise agréable; voisin de trèfles: travail; voisin de cœurs: commerce; voisin de piques: méfiance dans le travail, faillite, mauvaise marche des affaires.

9 de cœur: droite: joie, concorde, succès, don. Renversée: ennuis, obstacles à un projet.

8 de cœur: droite: visite, cadeaux, réalisation de ses propres désirs. Cette carte représente également une fillette blonde. Renversée: grande joie, jeune fille blond-châtain.

7 de cœur: droite: désir, volonté du consultant ou de la personne aimée ou de la figure voisine. Renversée: même sens que droite mais peut aussi signifier un pli, un document (entre deux piques: douleur intestinale).

As de carreau: droite: une lettre d'affaires vous parviendra prochainement (suivi d'un as de trèfle: vous allez recevoir une déclaration d'amour). Renversée: même signification que droite mais dans un sens désagréable.

Roi de carreau: droite: homme blond, généralement serviable et généreux; suivi de la dame de carreau, il annonce un mariage avec cette dernière. Renversée: obstacles, difficultés sur le plan sentimental ou financier; voisin d'un trèfle: vous recevrez des nouvelles.

Dame de carreau: droite: femme de mœurs légères, dangereuse, qui tentera de nuire au consultant; en général, c'est une femme blonde. Renversée: paysanne bavarde (suivie du 7 de carreau: grave controverse).

Valet de carreau: droite: militaire, facteur, cocher, fermier; voisin de l'as de cœur: des nouvelles, une personne vous attend; voisin de l'as de trèfle: vous recevrez un cadeau. Renversée: domestique; nouvelles contradictoires; lettre déplaisante.

10 de carreau: droite: transfert, changement de lieu, route, mer, ville étrangère. Renversée: retard, changement.

9 de carreau: droite: entreprise, avantage, séparation. Renversée: retard, ennuis d'argent.

8 de carreau: droite: compagnie, noce, richesse, banquet. Renversée: retard, ennuis, préoccupations.

7 de carreau: droite: bonnes nouvelles, maintien d'une décision (accompagné de la carte du consultant: le présage est renforcé). Renversée: contradictions, irritation, disputes, naissance.

As de pique: droite: proposition d'ordre sentimental ou commercial; procès, séparation, changement. Renversée: perte, grossesse, abandon.

Roi de pique: droite: homme de loi, personne austère, magistrat, juge, avocat, docteur, notaire, officier de police. Renversée: faillite dans les affaires, veuf, méchant homme.

Dame de pique: droite: femme bonne, veuve ou divorcée. Renversée: la même qui désire se remarier.

Valet de pique: droite: jeune homme brun, messager. Renversée: confusion, difficultés dans les affaires ou dans la vie conjugale; traître, curieux, médisant, trahison amoureuse.

10 de pique: droite: jalousie, larmes, préoccupations, invitation à la prudence. Renversée: lettre désagréable, perte d'argent, perte d'une affaire.

9 de pique: droite: douleur, contretemps, maladies, ruine. Renversée: la prédiction est aggravée.

8 de pique: droite: mauvaises nouvelles, malheur, maladie. Renversée: idées mystiques, angoisses.

7 de pique: droite: inquiétudes, légers espoirs, pensées concernant une personne haut placée. Renversée: amitié, exhortation à la prudence et à la pondération, insuccès.

As de trèfle: droite: offre d'argent, richesse, prospérité, profit en affaire. Renversée: cadeau reçu, bonheur sentimental.

Roi de trèfle: droite: homme brun, utile, personnage important. Renversée: le même mais malade.

Dame de trèfle: droite: femme brune, riche, amoureuse. Renversée: la même mais inconstante et de mœurs légères.

Valet de trèfle: droite: jeune homme brun, galant, amoureux. Renversée: le même mais souffrant et malade.

10 de trèfle: droite: gain, fortune, profit, bénéfice. Renversée: amour et argent.

9 de trèfle: droite: mariage riche, gains. Renversée: cadeaux, jeu.

8 de trèfle: droite: fillette brune, petite somme d'argent. Renversée: brune, pauvre.

7 de trèfle: droite: jeune garçon brun, peu d'argent. Renversée: enfant illégitime, ennuis, inquiétudes.

Les systèmes utilisés pour prédire l'avenir avec le jeu de 32 cartes sont analogues à ceux que l'on utilise avec le jeu de 52 cartes. Bien que ces systèmes ne soient pas très nombreux, la disposition des cartes peut, quant à elle, varier dans une assez large mesure.

Comme d'habitude, il faut commencer par déterminer la carte-sujet:

Homme brun d'environ 40 ans: roi de trèfle.
Homme brun, militaire, d'environ 40 ans: roi de pique.
Homme blond: roi de cœur.
Homme blond, militaire: roi de carreau.
Femme brune, mariée: dame de trèfle.
Femme brune, veuve: dame de pique.
Femme blonde, mariée: dame de cœur.
Femme blonde, veuve: dame de carreau.
Jeune homme brun: valet de trèfle.
Jeune homme brun, militaire: valet de pique.
Jeune homme blond: valet de cœur.
Jeune homme blond, militaire: valet de carreau.
Jeune fille brune: sept de trèfle.
Jeune fille blonde: sept de cœur.

Les cartes par trois

On commence par tirer trois cartes: si elles sont toutes les trois de couleur différente, on les écarte. Au contraire, si deux d'entre elles ou toutes les trois sont de même couleur, on enlève la carte ayant la plus grande valeur (la valeur des cartes est la suivante, par ordre décroissant: roi, dame, as, valet, 10, etc.) et on la met de côté. On continue ainsi à tirer les cartes trois par trois, jusqu'à la dernière carte du jeu. On reprend alors les cartes qui ont été écartées et on recommence la même opération pour ne conserver que les cartes utiles que l'on étalera de gauche à droite en demi-cercle.

Si parmi ces cartes se trouve celle du consultant, on pourra poursuivre le jeu. Sinon, il faudra recommencer depuis le début jusqu'à ce que la carte-sujet soit sortie.

La façon dont il faut procéder à présent est déjà connue: on commence par évaluer les cartes de même couleur et de même valeur. Lorsque l'on a terminé d'analyser la signification générale, on procède de la façon suivante: on compte (en allant de la droite vers la gauche) sept cartes à partir de la carte du consultant et l'on interprète leur signification. Puis à partir de cette septième carte, on répète la même opération, jusqu'à ce que l'on soit revenu à la carte d'où l'on était parti.

Une cartomancienne célèbre a proposé le système suivant: disposer tout le jeu en éventail, les cartes posées à l'envers et faire choisir au consultant, de la main gauche (théorie du courant magnétique personnel), treize cartes qu'il remet ensuite au praticien. Celui-ci met de côté les dix-neuf cartes restantes et étale en demi-cercle les treize cartes choisies en les retournant à l'endroit. On cherche alors, parmi celles-ci, la carte du consultant; si elle manque, on la remplace par le sept dans la couleur correspondant à cette carte. Puis on compte de cinq cartes en cinq cartes, en commençant par la carte du consultant et en faisant bien attention de toujours repartir de la cinquième carte du tour précédent: de cette façon, on obtient trois cartes dans chacun des intervalles.

On procède à la lecture de chaque carte en lui donnant sa signification traditionnelle. Puis le consultant tire, sur le paquet des dix-neuf cartes laissées à part, cinq autres cartes avec lesquelles il recouvre cinq cartes de l'éventail pour lesquelles il désire obtenir de plus amples explications.

Le cartomancien prend alors les cartes de l'éventail deux par deux, l'une à partir de la droite et l'autre à partir de la gauche et il interprète le sens de la rencontre. Au milieu de l'éventail restera une carte isolée et unique, sans aucune signification. On mélange ensuite les dix-huit cartes et on les dispose en trois paquets: parmi ces trois paquets, le consultant doit en désigner un pour ce qui concerne sa personne, un second pour ce qui concerne sa maison et un troisième pour la surprise.

On obtiendra ainsi trois réponses finales qui seront interprétées séparément, en respectant toujours le sens de la gauche vers la droite.

Les cartes tirées au hasard

On mélange les trente-deux cartes du jeu. On coupe, puis on compte onze cartes que l'on écarte, en mettant la douzième de côté pour la surprise.

On étale les vingt autres cartes sur la table et on procède à la lecture en prenant les cartes une par une, à partir de la gauche. On termine par la carte de la surprise.

Ensuite, on dispose les cartes en trois paquets dont les deux premiers seront formés de sept cartes et le troisième de six. On procède alors à l'interprétation des paquets, de la façon habituelle.

Les cartes tirées par 30

C'est le jeu le plus simple. On mélange les cartes et on fait couper le jeu. On détermine la carte-sujet, puis on retire la première et la dernière carte, que l'on met de côté pour la surprise.

Avec les trente cartes qui restent, on forme trois paquets de dix cartes chacun; le premier paquet à gauche représente le *passé*; celui du milieu, le *présent* et le troisième, à droite, l'*avenir*. On prend chaque paquet séparément et on effectue la lecture. On procède enfin à l'interprétation des deux cartes de la surprise.

Le jeu de 52 cartes

Le jeu de 52 cartes n'est rien d'autre que le jeu de 32 cartes complété par les valeurs mineures, c'est-à-dire le 2, le 3, le 4, le 5, le 6 de chaque couleur: soit au total 20 cartes.

Bien entendu, si l'on augmente le nombre des cartes, on étend en même temps la gamme des significations et des interprétations possibles. On a recours à ce jeu, en effet, lorsque l'on désire obtenir des réponses plus variées et plus complètes: les *cœurs* donneront des réponses concernant le domaine des sentiments et de l'amour; les *carreaux*, le domaine de la vie sociale et professionnelle, de l'argent et des intérêts; les *trèfles*, le domaine de la réussite, de la chance et du succès; les *piques* auront pour fonction de modifier la réponse dans un sens défavorable.

Commençons par examiner les valeurs absolues des différentes cartes.

Roi de carreau: droite: homme d'affaires, riche, intelligent et influent qui vous aidera. Pour une jeune fille, il annoncera parfois un mariage heureux.
Renversée: homme de la campagne; sages conseils que le consultant devrait suivre.

Dame de carreau: droite: femme riche qui désire vous rendre un service; voisine du roi de carreau, elle indique l'épouse.
Renversée: paysanne rusée, ambitieuse et ambiguë.

Valet de carreau: droite: jeune homme actif, intelligent, camarade de travail, ayant une bonne situation; prospérité dans les affaires et également bonnes nouvelles.
Renversée: mauvaises nouvelles, accident, mariage malheureux.

10 de carreau: droite: carrière brillante; le consultant confiera à une autre personne ses projets. Renversée: trahison de la part de personnes hypocrites et envieuses.

9 de carreau: droite: affaire importante; préoccupations dues à un retard. Renversée: obstacles, difficultés, empêchements.

8 de carreau: droite: retard dans la réalisation des affaires. Promenade, partie de campagne. Renversée: discussions, malentendu entre des personnes qui s'aiment; voisin de cartes de pique: malheur, séparation, rupture.

7 de carreau: droite: circonstance imprévue, surprise; pour le consultant, sens pratique, fortune, négociations favorables. Renversée: il est conseillé au consultant de vaincre ses hésitations et d'aller droit au but, sinon il pourra lui arriver un ennui notable.

6 de carreau: droite: contrat avantageux. Renversée: infidélité; il est recommandé au consultant de se méfier des personnes de son entourage.

5 de carreau: droite: aide financière, circonstances qui viennent favoriser la réussite d'une affaire; succès. Renversée: perte d'argent, litige, mauvaise marche des affaires.

4 de carreau: droite: maison, entreprise, réunion, visite, réception, vie mondaine. Renversée: prospérité, grosse fortune.

3 de carreau: droite: appui dont vous tirerez avantage, spéculations, entreprises. Renversée: soucis qui trouveront rapidement une solution heureuse.

2 de carreau: droite: voyage d'affaires, déplaisir, jalousie. Renversée: événement imprévu et agréable, heureuse surprise.

As de carreau: droite: lettre commerciale, malheur, perte d'un procès, incendie, ruine. Renversée: le consultant aura beaucoup d'enfants.

Roi de cœur: droite: homme blond, riche parent ayant une situation dans les affaires (s'il est entouré de cartes de mauvais augure, il signifie une personne fausse dont il faut se méfier). Renversée: chômage, perte d'emploi, rupture avec une personne riche et influente.

Dame de cœur: droite: femme blonde, favorable au consultant. Renversée: femme de mœurs légères ou épouse d'un homme aisé.

Valet de cœur: droite: jeune homme blond, bon, serviable, ayant facilement des succès mondains. Renversée: désaccord entre époux, embûches, complications amoureuses.

10 de cœur: droite: carte de bon augure, indiquant la ville ou la localité où demeure le consultant et où il pourra s'enrichir si aucune carte négative ne vient y faire obstacle; signifie aussi une dot considérable. Renversée: disputes, litiges, parfois grave échec du point de vue économique et affectif.

9 de cœur: droite: c'est l'une des cartes les meilleures car elle annonce succès, satisfactions, héritage, legs, donations. Renversée: ami sincère dont vous devrez suivre les conseils.

8 de cœur: droite: jeune fille blonde, amitié, rentrées d'argent assez importantes. Le consultant contractera un mariage ou se liera d'amitié avec une femme probablement blonde. Renversée: satisfactions, succès, réussite.

7 de cœur: droite: un rêve que vous ferez et dont l'explication vous sera donnée par les cartes voisines; la pensée du consultant, ses états affectifs et ses projets.

6 de cœur: droite: mariage heureux, aussi bien du point de vue sentimental que du point de vue financier; erreurs commises dans le passé par le consultant. Renversée: laisse entrevoir une amélioration générale.

5 de cœur: droite: fiançailles avantageuses, mariage heureux, réconciliation entre époux, héritage dans un avenir proche. Renversée: pour une jeune fille, c'est l'annonce d'un cadeau de la part de son fiancé ou d'un homme qui lui fait la cour; un parent vous rendra prochainement visite.

4 de cœur: droite: amis qui vous apporteront leur aide dans ce que vous entreprendrez; ville lointaine dans laquelle il vous faudra vous rendre pour des motifs d'intérêts; préoccupations au sujet d'un membre de votre famille. Renversée: nouvelles relations; le consultant doit considérer avec prudence les nouvelles amitiés qu'il s'est faites depuis peu.

3 de cœur: droite: réussite dans le monde artistique; connaissance d'hommes d'affaires. Renversée: des complications sur le plan économique trouveront une solution heureuse; guérison d'une maladie, arrangement d'une situation amoureuse.

2 de cœur: droite: voyage d'affaires auquel l'amour ne sera pas étranger; cette carte est la meilleure du jeu: elle prédit l'amour; dans un sens plus large, elle annonce au consultant un bonheur plus grand que tout ce qu'il imagine et la réalisation de tous ses désirs. Renversée: amour et bonheur mais plus atténués.

As de cœur: droite: lettre apportant de bonnes nouvelles. Renversée: changement. Il indique que le consultant est instable et inconstant, et lui conseille d'acquérir davantage de volonté et une plus grande fermeté de caractère.

Roi de pique: droite: homme intéressé, avare, envieux de votre situation, qui essaiera de vous nuire; magistrat. Le consultant devra se mettre en garde contre la vénalité de certains avocats et de certains notaires. A un étudiant en droit ou à un jeune homme qui se destine à une carrière dans la magistrature, cette carte annonce une réussite certaine. Renversée: pour une jeune fille, mariage malheureux avec un homme dur et autoritaire; homme méchant, égoïste.

Dame de pique: droite: veuve désirant se remarier ou bien épouse qui restera veuve. Renversée: mauvaise femme; pour une jeune fille qui doit bientôt se marier: disputes et incompatibilité d'humeur avec son fiancé.

Valet de pique: droite: faux ami, mauvais sujet, homme dont il faut redouter les conseils; mauvais camarade de travail qui réussira à vous nuire si vous ne vous méfiez pas de lui. Renversée: le consultant doit être très circonspect dans sa façon de dépenser son argent, sa façon d'agir, d'exprimer ses sentiments, de se confier aux autres; en résumé, il ne doit compter que sur lui-même et n'accorder aucune confiance aux autres.

10 de pique: droite: faillite, échec dans les affaires; douleur provoquée par une séparation, une blessure ou une contrariété. Renversée: avantage, annonce d'une réussite (en rapport toutefois avec les cartes voisines).

9 de pique: droite: contrariété, ennui, perte au jeu; prêtre ou religieux (le consultant assistera à une cérémonie religieuse: mariage, enterrement, baptême, etc.). Renversée: le consultant doit chercher à découvrir les intrigues que l'on trame contre lui.

8 de pique: droite: maladie qui vous empêchera de porter à terme la réalisation de vos aspirations. Critiques et médisances vous porteront préjudice. Renversée: incident, arrivée ou départ inattendus n'apportant ni joie ni profit.

7 de pique: droite: mauvais rêve; situé près d'une autre carte de pique, il indique une mauvaise rencontre; les espoirs, les projets, les désirs du consultant seront réalisés. Renversée: avertissements dont le consultant devra tenir compte.

6 de pique: droite: mariage malheureux qui n'apportera que déplaisir; voyage agréable, sauf indication contraire donnée par d'autres cartes. Renversée: malchance, maladie, perte d'un procès.

5 de pique: droite: préjudice moral et matériel, accident de la route; il est conseillé au consultant de prendre ses dispositions testamentaires. Renversée: douleur, anxiété, deuil.

4 de pique: droite: mauvaise compagnie, maison ennemie, personne envieuse qui vous porte préjudice; isolement, abandon, désir de solitude. Renversée: le consultant doit faire très attention à ses dépenses.

3 de pique: droite: procès, controverse pour des questions d'intérêts. Mésentente entre époux ou entre amoureux. Renversée: imprévoyance, inconscience, trouble de l'esprit provoqué par des excès ou par des déceptions.

2 de pique: droite: voyage déplaisant pour des questions d'intérêts; mauvaise rencontre; peut également signifier que le consultant est entouré d'amis fidèles sur lesquels il peut compter. Renversée: faux amis, ennuis, contretemps.

As de pique: droite: communication (lettre, coup de téléphone, télégramme) vous apportant de mauvaises nouvelles concernant les affaires: peut également signifier le triomphe, la victoire, le succès; pour une jeune fille: mariage heureux. Renversée: fécondité, gains importants, bénéfices et profits.

Roi de trèfle: droite: homme brun qui désire vous voir heureux et vous protégera des ennemis; homme marié, discret, qui éprouve de la sympathie pour vous. Renversée: homme brun, faux et dangereux.

Dame de trèfle: droite: femme brune; si elle est située à côté d'une carte de cœur, c'est votre fiancée. C'est une jeune fille dévouée, issue d'une bonne famille. Renversée: femme brune inconstante et volage.

Valet de trèfle: droite: ami qui désire vous voir heureux; si la consultation a pour objet un procès, cette carte représente votre avocat; loyauté, chance. Renversée: dépense, prodigalité, désordre.

10 de trèfle: droite: maison, foyer de la famille; prospérité dans les affaires qui tendent à s'accroître davantage. Renversée: jeu de hasard et passion du jeu en général.

9 de trèfle: droite: bon projet, activité, ténacité. Renversée: on complote à vos dépens.

8 de trèfle: droite: travail, emploi satisfaisant. Renversée: légers contretemps ou petits incidents; la satisfaction et le rendement sont atténués.

7 de trèfle: droite: bonne suggestion venant d'une jeune fille (voisin d'une carte de cœur, celle-ci est votre fiancée ou une amie qui vous est chère). Renversée: signification moins bonne.

6 de trèfle: droite: mariage qui vous donnera beaucoup de satisfactions et de bonheur; ambition démesurée (voisine d'un pique ou d'un carreau: déception causée par votre vanité et votre ambition). Renversée: le consultant doit cultiver sa joie car c'est d'elle que dépend son avenir; son ambition lui fera du tort.

5 de trèfle: droite: espoir, amour profond, mariage heureux. Renversée: inconstance, rupture, divorce, séparation.

4 de trèfle: droite: maison; amis et connaissances qui seront de bon conseil; cadeau, surprise agréable. Renversée: difficultés et obstacles.

3 de trèfle: droite: encouragement, honnêteté, bonté. Renversée: risque de grossesse pour une jeune fille, nombreuse progéniture pour une épouse.

2 de trèfle: droite: voyage agréable, bonne rencontre, mais aussi préoccupations dans les affaires. Renversée: nouvelles plutôt déplaisantes.

As de trèfle: droite: très heureux présage; annule l'influence néfaste des piques et annonce le triomphe, la joie, le succès dans n'importe quel domaine. Renversée: fortune, argent.

Si nous faisons maintenant un simple rapprochement entre les différents tableaux, nous voyons clairement que le jeu de 52 cartes dispose d'un plus grand nombre de significations et permet donc une plus vaste échelle d'interprétations. Nous en arrivons ainsi à la technique du jeu plus général, dans lequel, à la valeur des 32 cartes du jeu précédent, s'ajoute la valeur des plus petites cartes, qui font par conséquent du jeu de 52 cartes un jeu un peu plus complet.

Le système le plus facile est le *jeu par sept*, qui a déjà été étudié dans un chapitre précédent; supposons que les trois cartes de la surprise soient le 4 de trèfle, le 6 de pique et le 3 de cœur.

Trèfles: dans votre maison, il y aura une rentrée d'argent, un cadeau, une surprise.

Cœurs: vous contracterez un bon mariage (ou bien votre vie conjugale sera prospère et heureuse).

Piques: contrôlez votre humeur afin d'éviter des disputes en famille ou des dissensions dans le travail.
La présence de plusieurs cartes de même couleur accentuera, ou au contraire, atténuera la signification et cela naturellement toujours en corrélation avec la signification générale des couleurs.

Le jeu du Château

On coupe le jeu. Puis on choisit vingt et une cartes que l'on étale pour former un château et on effectue la lecture.

Le jeu de la Tour

Il est plus compliqué que le précédent. Il se joue avec quinze cartes: les six premières désignent la vie sentimentale, les six suivantes, la vie sociale et professionnelle et les trois dernières, que l'on place au sommet, constituent la surprise, c'est-à-dire ce qui concerne l'intérêt général du consultant. Cependant, ce jeu ne répondra pas, par exemple, bonheur en amour, mais simplement bonheur ou malheur, espoir ou déception, etc. De cette façon, la réponse est claire et synthétique et elle porte d'autant plus qu'elle est brutale.

Le jeu du Moulin

Il figure parmi les plus intéressants et les plus faciles. On commence par isoler la carte-sujet, puis on tire treize cartes que l'on étale de la droite vers la gauche.

On procède à la lecture des cartes en sautant une carte à chaque fois: ainsi, on lit la 1ᵉʳᵉ, la 3ᵉ, la 5ᵉ, la 7ᵉ, la 9ᵉ, la 11ᵉ, et chaque carte lue est aussitôt enlevée du cercle. On place la 13ᵉ carte à part pour la surprise. Ensuite, on remplit les espaces laissés vides par les cartes enlevées précédemment et on recommence à lire de la même façon la 2ᵉ carte, la 4ᵉ, la 6ᵉ, la 8ᵉ, la 10ᵉ et la 12ᵉ carte; la 13ᵉ carte sera la deuxième carte de la surprise. On remplit à nouveau les espaces vides et on lit une par une les douze cartes du cercle. Puis on place la 13ᵉ avec les deux autres cartes de la surprise que l'on interprète à la fin.

Ce jeu est plaisant, aussi bien pour l'intéressé que pour le cartomancien.

Le jeu de l'Horloge

Il présente beaucoup de ressemblances avec le jeu précédent, excepté en ce qui concerne la disposition des cartes qui, elle, est différente.

La lecture s'effectue selon l'ordre numérique, en procédant de gauche à droite; on laisse de côté, pour la fin, les trois cartes de la surprise. Certains utilisent le jeu de l'Horloge pour connaître les événements, tristes ou joyeux, qui animeront les différentes heures de la journée. Mais, en général, la réponse alors obtenue manque de sûreté et de clarté. Ce jeu se joue ainsi: on étale douze cartes au premier tour, on superpose douze autres cartes sur les premières, la 13ᵉ faisant la 2ᵉ carte de la surprise; enfin, au troisième tour, on recouvre les tas précédents par les douze cartes suivantes, la 13ᵉ étant la 3ᵉ carte de la surprise. On obtient ainsi trois cartes qui seront laissées de côté pour l'interprétation de la surprise finale (la 13ᵉ carte de chacun des tours successifs).

Le tarot

Le *tarot* constitue « la synthèse de la philosophie orienta-
le » : selon certains, ce serait en Inde qu'il faudrait chercher
son origine ; selon d'autres, ce serait en Egypte où il aurait
été inventé par Thot ou Mercure.

On sait que les tarots furent introduits en Europe par les
bohémiens, au cours du XVIe siècle, sous la forme que nous
leur connaissons actuellement. Dans de nombreux endroits,
ils subirent de profondes modifications du point de vue de
leurs dessins, bien que la signification traditionnelle fût toujours conservée.

C'est précisément en raison de leur très grande variété de
figurations que les tarots ont pris une place prépondérante
dans l'art de tirer les cartes, art qui s'est peu à peu répandu
à travers le monde entier.

Le jeu de tarots se compose de 78 (56 + 22) cartes, lames
ou arcanes qui se répartissent ainsi :

Arcanes mineurs : 40 hiéroglyphes et 16 figures (de couleur
noire représentant les bruns, de couleur rouge représentant
les blonds).

14 *cartes de coupe* : (correspondant aux cœurs = air).
14 *cartes d'épée* : (correspondant aux piques = eau).
14 *cartes de denier* : (correspondant aux carreaux = terre).
14 *cartes de bâton* : (correspondant aux trèfles = feu).

Arcanes majeurs: 22 figures de tarot numérotées de 1 à 21, plus la 22e ou bien la 78e (le Fou) qui indiquent de façon générale le destin du consultant, tandis que les arcanes mineurs représentent les personnages et les événements qui rentrent dans son existence.

Il existe plusieurs méthodes d'interprétation des tarots, dont les principales sont celle de Dagnésah et celle d'Etteilla. Dans le jeu que nous avons choisi pour modèle (nous nous sommes conformés à l'étude de Papus qui lui-même s'était fondé sur les recherches d'Etteilla), chaque carte porte, à droite, le numéro de l'arcane, en haut, les correspondances astronomiques qui permettent de prédire le jour et le mois, et en marge, la signification traditionnelle de la carte et sa valeur spirituelle, morale et physique, ces dernières indications étant utiles pour l'horoscope.

Les arcanes majeurs

Carte n° 1: le Mage. Terme impropre, Dagnésah l'appelle au contraire *le Jongleur* et d'autres la nomment *le Bateleur*. C'est la carte du consultant, de l'homme jeune; elle indique l'habileté, la diplomatie, l'astuce.

La signification psychologique de cette carte est la volonté, la vie universelle, la création. Une grande confiance en soi-même entraînera un changement de situation qui sera plus difficile à réaliser si la carte se présente renversée.

Carte n° 2: la Papesse ou *Junon.* Osiris = Gloire. Droite, elle signifie la clarté des concepts, la faculté intellectuelle, la capacité d'analyse, l'élévation des pensées, la beauté des sentiments. Renversée, elle indique feu et colère, c'est-à-dire la foudre, la passion ardente, l'enthousiasme, la discussion enflammée, le tempérament coléreux et facile à s'emporter.

La prédiction peut s'énoncer de la façon suivante: le consultant aspire à la gloire et, avec enthousiasme, dirige vers elle tous ses projets et tous ses espoirs; si la carte est renversée, ce n'est qu'après avoir surmonté de nombreux obstacles qu'il parviendra à ses fins.

La Papesse représente également l'épouse du consultant; la lettre hébraïque est le symbole de l'union de l'homme et de la femme et c'est aussi le symbole de la science. Pour terminer, on peut dire qu'une femme cruelle, méchante et dé-

I — LE BATELEUR

II — JUNON.

III — L'IMPERATRICE

IIII — L'EMPEREUR

V — JUPITER.

VI — L'AMOUREUX.

nuée d'esprit causera bien des tourments au consultant. Il est conseillé à ce dernier d'observer une grande discrétion dans ses projets, d'agir avec décision et de ne se lancer dans de nouvelles entreprises qu'avec sagesse et prudence.

Carte n° 3: l'Impératrice. C'est la carte de l'action. L'image de la vie, de la fécondité, de l'équilibre entre l'intelligence et la sagesse; son astre est Vénus.
Elle donne la prédiction suivante: fécondité et bonheur en famille; si la carte est renversée: séparation, litige, désaccord. Le consultant peut espérer parvenir au succès si toutefois il mène toujours son action avec une volonté ferme et une honnêteté scrupuleuse.

Carte n° 4: l'Empereur. La signification générale de cette carte est la réalisation; son astre est Jupiter; son symbole mathématique est le cube.
Cette carte représente l'homme, la force; et puisque le cube est la représentation du chiffre 4 (fermeté, solidité), il sera indispensable, si l'on désire mener à bien un projet, d'avoir une volonté de fer, de la loyauté et du courage.

Carte n° 5: le Pape ou *Jupiter.* C'est la carte de l'inspiration, de la foi et de la vie sensitive (cinq sens); elle signifie également enseignement, sacerdoce.

Carte n° 6: l'Amoureux. Cette carte, appelée également *l'Amant* et *les deux routes*, représente le charlatan de la carte n° 1, mais sans sa barbe, la tête nue et debout au croisement de deux routes; deux femmes se tiennent à ses côtés, l'une les cheveux bien coiffés et le front cerclé d'or, l'autre les cheveux en désordre. Les deux routes symbolisent le vice et la vertu. Au-dessus de ces personnages vole l'Amour qui tend son arc et voile le soleil de la vérité. Pour certains, cette carte signifie l'union et l'épreuve; pour d'autres, elle représente l'antagonisme entre le bien et le mal, l'équilibre entre le Ciel et la Terre, le baiser, l'amour. Son signe astral est la Vierge.

Dagnésah donne à cette carte la signification du chaos, de l'indécision, de l'obscurité. Située entre un roi et une dame, elle annonce un mariage; si la carte est renversée, elle signifie la rupture d'une relation amoureuse.

Carte n° 7: le Chariot. Elle symbolise la victoire (triomphes protections, aides). C'est un char cubique, comportant quatre colonnes surmontées d'un baldaquin, tiré par deux sphinx; à l'intérieur du char trône un triomphateur, couronné de lauriers, tenant un sceptre dans sa main. Elle signifie des honneurs pour le consultant. Renversée: ennuis de famille.

Carte n° 8: la Justice. Elle représente la déesse Thémis, portant le glaive et la balance (justice, équité, impartialité). On ne peut parvenir au succès qu'en évaluant les forces en présence, c'est-à-dire en mettant sur la balance le bien et le mal, la volonté et les obstacles, et en donnant à l'action l'équilibre des forces.

A travers cette carte, on peut prédire la réussite dans les affaires, le gain dans une cause; si la carte est renversée, elle signifie déception.

Carte n° 9: l'Ermite. C'est la carte de la prudence (protection, sécurité). Elle représente un ermite vêtu d'un grand manteau (protection), tenant d'une main un bâton sur lequel il s'appuie (soutien, défense) et, de l'autre, une lanterne pour éclairer sa route.

La signification de cette carte est la suivante: il faut être très circonspect et garder une attention vigilante. Selon Dagnésah, cette lame signifie que des gens cherchent à vous

VII

LE CHARIOT

VIII

LA JUSTICE

VIIII

L'ERMITE

X

LA ROUE DE FORTUNE

XI

LA FORCE

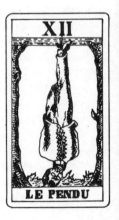

XII

LE PENDU

nuire mais que toutes leurs tentatives resteront sans effet:
vous devez rester très vigilant. La carte renversée signifie
le contraire.

Carte n° 10: la Roue de la Fortune. C'est la meilleure carte
du jeu, c'est pourquoi nous lui accorderons une attention
toute particulière.
Le caractère éternel du temps est représenté par une roue
en perpétuel mouvement, symbolisant le mouvement de toutes les choses. On voit, d'un côté, l'ascension du dieu Anubis,
de l'autre, la chute du diable; au sommet de la roue se
tient un sphinx en équilibre qui serre entre ses griffes
une épée.
La signification en est claire: celui qui s'élève risque de re-
tomber et celui qui est en bas peut s'élever. Le sens général
de cette allégorie est celui de la fortune; la lettre symbolise
l'eau, c'est-à-dire la fluidité et par conséquent l'instabilité.
La figure indique la puissance magique, le reflet de la volonté, l'idée de nécessité; si la carte est renversée, elle signifie fortune et retard.

Carte n° 11: la Force. Du point de vue astrologique, cette
carte correspond au Lion. L'image représente une femme
couronnée d'un diadème en forme de 8 (symbole de la vita-
lité): elle serre à la gorge un lion, sans effort et en con-
servant tout son calme.
Cette carte symbolise l'énergie, l'action, le travail. Elle signifie la réussite par le travail, la volonté, la persévérance.
Renversée, elle signifie perte de travail, préoccupations.

Carte n° 12: le Pendu. Cette lame indique l'asservissement
au devoir et aux passions (expiation, sacrifice, martyre).
L'image représente un pendu qui se balance au bout de sa
corde, les mains liées dans le dos. C'est le symbole de la

mort violente, du martyre, du sacrifice au nom d'une idée ou bien également de l'exemple public, de la discipline, de la soumission aux lois. La carte qui suivra immédiatement celle-ci sera la conséquence de cette loi et donnera une précision sur la mort dans un sens général.

Debout: elle signifie: vous vous sacrifiez trop.

Renversée: votre sacrifice est infructueux.

Carte n° 13: la Mort. C'est l'évolution naturelle des choses et des êtres: mort et destruction. Cette carte est particulièrement funeste: elle annonce la mort naturelle ou accidentelle, le suicide, l'assassinat, l'empoisonnement, l'anéantissement, la destruction, la finalité, l'altération, la pourriture, la putréfaction. Elle exerce une influence néfaste sur les autres cartes mais elle peut aussi donner des avertissements utiles. Il faut toujours rester très prudent dans l'interprétation de cette lame.

Renversée, elle signifie la ruine, la destruction, le sommeil, la syncope, la paralysie, la léthargie, la pétrification, le somnambulisme, l'inertie, la lenteur, la perte de la volonté et de l'action. Qu'elle se présente renversée ou droite, elle est toujours de mauvais présage et annonce qu'il ne faut rien entreprendre dans le moment présent. Les significations et les interprétations que l'on peut en donner sont nombreuses et ne sont pas toujours celles de la mort au sens physique du terme.

Carte n° 14: la Tempérance. L'image traditionnelle représente un ange dont le front est marqué du signe solaire et qui est en train de verser, d'une coupe dans une autre, les essences de l'élixir de vie.

Dans la représentation qui en est donnée sur cette lame, l'ange est devenu une femme et la coupe une amphore, mais la signification traditionnelle est restée identique à celle qui est symbolisée par la lettre hébraïque correspondante: à savoir, la fécondité de la femme, le fruit de la vie.

Les commentateurs voient dans cette carte le symbole des saisons et des changements de la vie; le mouvement perpétuel de la vie, l'alliance des idées et des forces. Son sens général est celui de l'initiative.

Droite, son présage est favorable pour le consultant: elle signifie un riche mariage. Renversée, elle signifie au contraire la légèreté de caractère; elle désigne un personnage nuisible et inconséquent.

Carte n° 15: le Diable. L'image que l'on voit sur cette lame a conservé toutes les caractéristiques typiques de la symbolique telle qu'elle figure dans les représentations cosmogoniques traditionnelles: on voit le diable qui brandit une torche enflammée. Cette carte symbolise l'attraction des sens, la coexistence du vice et de la vertu, du bien et du mal.

Sa signification est qu'il faut changer d'atmosphère ou de milieu.

Carte n° 16: la Tour. Selon la tradition, cette lame s'appelle également *la Maison de Dieu*; elle représente une tour foudroyée par le feu céleste, du haut de laquelle se jettent deux personnages.

Le symbole est celui de la chute d'Adam et Eve, du châtiment de l'orgueil, de la faiblesse de l'esprit, de la rupture d'un équilibre.

Droite, elle signifie peines, châtiments, malheur, ruine. Renversée, elle indique prison, oppression, servitude, soumission forcée.

Elle prédit accidents, naufrages, événements funestes qui viendront surprendre le consultant. Située auprès de cartes de denier, droite, elle annonce un héritage prochain; renversée, elle conseille de se préserver contre la foudre.

XIII — LA MORT

XIIII — TEMPERANCE

XV — LE DIABLE

XVI — LA MAISON DE DIEU

XVII. — L'ÉTOILE

XVIII — LA LUNE

Carte n° 17: l'Etoile. Cette lame représente une jeune fille nue qui verse l'élixir de vie de deux amphores, l'une en or, l'autre en argent. Au-dessus de sa tête brille l'étoile à huit branches qui est entourée de sept astres. Cette image symbolise la renaissance spirituelle après un échec matériel; l'erreur est pardonnée et l'espoir renaît.

Elle signifie l'influence des astres sur la naissance. Renversée, elle annonce la réussite prochaine d'une affaire. En général, elle indique que les conditions sont favorables à une réussite.

Carte n° 18: la Lune. Cette lame symbolise la force involutive: ennemis cachés, dangers. L'image représente la lune dans un ciel dégoulinant de sang, deux chiens qui aboient et, se détachant sur le fond, deux tours; une écrevisse surgit du fond d'un étang; un sentier, parsemé de gouttes de sang, se perd dans le lointain; quelques arbres rigides et dépouillés s'ajoutent enfin à la tristesse et à la désolation du paysage. L'éclairage lunaire lutte contre les ténèbres, sans réussir à les vaincre; et ces dernières se referment sur leurs menaces et leurs mystères.

Les anciens en donnaient l'explication suivante: une nuit remplie de cris ennemis (les chiens qui aboient) et d'effroi (les gouttes de sang versé sur le sentier qui se perd; le sang qui coule symbolise la fin; les deux tours symbolisent les limites de l'esprit humain. La signification générale de l'image est le doute, le mystère, les démarches ténébreuses, tout ce qui est obscur, caché, occulté.

Renversée, elle conseille d'être prudent dans les initiatives et les projets.

Carte n° 19: le Soleil. C'est le symbole de la paix et de la félicité (richesse matérielle, mariage heureux, éclaircissement, illumination, révélation). Les rayons du soleil enveloppent deux adolescents qui se tiennent par la main; le soleil est le père physique des hommes: il éclaire de ses rayons la société, la civilisation, la vie. Alors que, dans la lame précédente, l'esprit était mortifié et endormi, ici, au contraire, il se dresse et cherche la félicité.

Le signe du zodiaque correspondant est celui des Gémeaux; la signification est celle-ci: éclaircissement prochain, heureux présage.

Renversée, elle indique que les nuages se dissiperont et que tout finira par s'arranger.

Carte n° 20: le Jugement. Cette lame symbolise la résurrection (réveil, surprise, changement). L'image représente trois personnages morts qui sont ressuscités par la trompette de l'archange: ces personnages sont un homme, une femme et un enfant.

C'est le symbole de l'humanité remise en mouvement par les forces divines; elle signifie donc le réveil, la surprise, le renouveau.

On l'interprète de la façon suivante: tout vous réussira. Renversée: gardez-vous d'agir sans demander conseil.

Carte n° 21: le Monde. Cette lame symbolise le microcosme; elle représente le consultant ou la consultante. Dans ce tarot, ainsi que l'explique Etteilla, le monde est représenté par une couronne cabalistique entourée des quatre attributs du sphinx: l'homme, le lion, le taureau, l'aigle. Au centre de la couronne se dresse, sculpturale et nue, la Vérité, qui tient dans ses mains une baguette magique.

Si ce tarot se trouve situé entre la lame de la Justice et celle de l'Empereur, c'est bon signe: vous n'avez rien à craindre. Renversée, elle laisse entrevoir des difficultés qui devront être surmontées.

LE SOLEIL

LE JUGEMENT

LE MONDE

LE MAT

Carte n° 22 (ou 78): le Fou ou *Mat.* C'est le symbole de l'homme abusé par ses sens: c'est l'inconscience, la folie, l'aberration, l'extravagance, l'ivresse, la frénésie, la démence, l'enthousiasme, l'ignorance, l'égarement, la vanité. L'image représente un vagabond qui porte dans sa besace ses vices et ses extravagances et se traîne assoiffé vers un ravin au fond duquel coule un fleuve où l'attend un crocodile prêt à le dévorer, tandis qu'un chat le suit en le mordant.

C'est l'image du gouffre où conduisent les passions que l'on n'a pas su dominer. C'est également l'expression de la relativité des richesses humaines. Dans n'importe quel sens (droit ou renversé), ce tarot indique toujours l'égarement de l'esprit, le désordre mental non pas dans un sens phrénologique mais dans l'acception la plus générale du terme: déséquilibre, confusion, désordre, actions contraires aux lois du bon sens et de la raison. Droit, il annonce un déséquilibre de type plus noble: création et imagination excessives; renversé, il signifie la folie. L'interprétation en est la suivante: une étourderie risquerait de vous coûter cher; carte renversée: idées noires.

Les arcanes mineurs

Les bâtons = les trèfles

Carte n° 23: Roi de bâton.
Il porte un sceptre dans sa main droite; on peut voir derrière lui une grille ornée des attributs du feu. Symbole: génie ou grand talent dans tous les domaines.
Droite, cette carte désigne un homme bon, sévère; elle personnifie l'intelligence créatrice, la probité. Renversée, elle désigne un homme indulgent, tolérant, compatissant.

Carte n° 24: Dame de bâton.
Elle porte un sceptre à la main. Symbole: femme instruite, cultivée, artiste, épouse d'un savant, d'un artiste ou d'un marchand.
Droite, elle désigne une femme aux grandes qualités, mariage heureux avec une femme brune.
Elle personnifie l'économie, l'honnêteté, la douceur, la vertu, l'honneur, la chasteté.
Renversée, elle signifie vieillesse heureuse, la femme bonne, obligeante, serviable.

Carte n° 25: Cavalier de bâton.
Symbole: personne adulte, célibataire, artiste, écrivain, personnage exubérant, plein d'énergie et ,d'initiative. Droite,

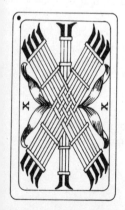

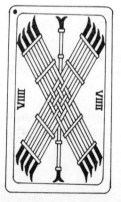

elle signifie l'argent, un changement avantageux de situation ou bien encore un départ, un abandon, une disparition, un éloignement, une absence, une évasion, une fuite. Renversée, elle désigne la séparation, la discorde, dispute, dissension, démêlé, interruption, brisure, fracture.

Carte n° 26: Valet de bâton.
Accroupi à terre, le valet plante un sceptre dans le sol. La carte symbolise la dépendance et aussi l'adolescence. Elle personnifie la servitude, la servilité, l'emploi servile auprès d'une personne influente. Droite, elle signifie: message agréable; avec la Dame de bâton: mariage brillant; avec la Roue de la Fortune: spéculation heureuse.
Renversée, elle signifie richesse modeste, nouvelle, annonce, avis, avertissement.

Carte n° 27: 10 de bâton.
Symbole: activité exubérante; œuvres géniales, voyages en perspective.
Droite, elle signifie: pays, villes étrangères, ou encore perfidie, fourberie, tromperie, fausseté, dissimulation, duplicité, complot, conjuration, conspiration, tempête. Renversée, elle indique embûches, pièges, obstacles, entraves, contrariétés, réclamations, opposition, gêne, barrière, retranchement, fortification.

Carte n° 28: 9 de bâton.
Symbole: prudence et clairvoyance, expérience et moment décisif dans l'action.
Droit, ce tarot signifie: maladie ou retard dans les affaires, délai, attente, suspension, renvoi, allongement, ralentissement, remise.
Renversé, il indique: maladie bénigne, contrariété, accident, empêchement, adversité, infortune, malchance.

Carte n° 29: 8 de bâton.
C'est la représentation de l'équilibre. Symbole: pondération; zone d'échange favorable au commerce. Droite, la carte signifie: campagne, domaine, ferme, agriculture, labourage, champ, métairie, verger, prairie, forêt; plaisir, récréation, passe-temps, réjouissance, calme, quiétude, paix; montagne; champ de bataille; transfert; projets matrimoniaux. Renversée: située auprès de cartes de denier, elle signifie ennuis; auprès de cartes d'épée: incertitudes, remords, repentir, hésitations, doutes, embarras, scrupules, incompréhension.

Carte n° 30: 7 de bâton. C'est la victoire de l'esprit sur la matière. Symbole: génie, art, invention, création. Droite, elle signifie: discours, pourparlers, entretiens, délibérations, discussions, causeries; c'est également la parole, l'idiome, la langue, l'échange, la négociation, la correspondance, le commerce. Renversée: située à côté d'un 3 de coupe, elle signifie incendie, indécision, irrésolution, perplexité, hésitation, légèreté, versatilité, instabilité, frivolité, variété, diversité.

Carte n° 31: 6 de bâton. Elle représente les projets entravés. Symbole: alternative entre la paresse et le labeur. Droite, la carte signifie un serviteur, un domestique, un laquais, un messager, du courrier. Renversée, elle désigne la trahison d'un ami; voisine de l'as de coupe, elle signifie la victoire sur des ennemis; attente, espoir, angoisse, crainte, appréhension, prudence.

Carte n° 32: 5 de bâton.
Symbole: une grande activité morale. La carte représente l'ambition, l'irritabilité. Droite, elle signifie la colère; auprès du 4 de bâton, elle désigne un grand profit, la fortune, les

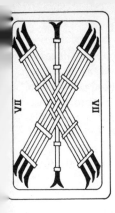

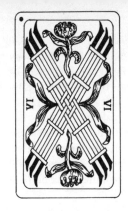

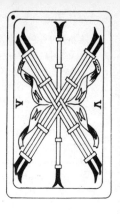

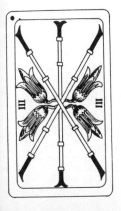

richesses, la somptuosité, le luxe, l'opulence, la magnificence, la pompe, l'éclat, l'abondance. Renversée, elle indique procès, chicane, litige, instance, tracasserie, contradiction, querelle; voisine du roi d'épée, elle signifie une affaire qui a trouvé un règlement favorable.

Carte n° 33: 4 de bâton. Elle représente force et fécondité. Symbole: réalisation intellectuelle. Droite, elle signifie: accroissement des richesses, société, assemblée, réunion, foule, attroupement, cohue, alliage, alliance, pacte, contrat, traité, cohorte, armée, troupes. Renversée, elle signifie: avancement, prospérité, réussite, succès, agrandissement.

Carte n° 34: 3 de bâton. Symbole: début d'une réussite intellectuelle ou commerciale. Droite, elle signifie des entreprises, de l'audace, de la témérité, de l'imprudence; c'est également l'effort, l'essai, la tentative. Renversée, elle annonce une interruption des soucis, des tourments; la cessation, la relâche, le repos.

Carte n° 35: 2 de bâton. Symbole: collaboration, union de plusieurs forces, association dans un but productif. Droite, elle signifie: chagrins, affliction, tristesse, peines de cœur, colère, dépit, pessimisme, mortification, fâcherie, aigreur, idées noires. Renversée, elle annonce une surprise, un étonnement, un événement inattendu, une émotion soudaine.

Carte n° 36: As de bâton. Cette carte traduit l'idée d'action, de commandement, de volonté. Symbole: lettre, édit, décret. Droite, elle signifie: naissance illégitime; auprès du 2 de coupe: calomnies, source, chute d'eau, postérité, progéniture, descendance, race. Renversée, elle indique abandon, décadence, démolition, déclin, ruine, dépérissement, ravage, abattement, faiblesse, insuccès irréparable, découragement.

Les coupes = les cœurs

Carte n° 37: Roi de coupe. Symbole: père, époux travailleur. Droite, cette carte signifie un homme blond, amoureux, galant, chevaleresque. Renversée, elle indique le contraire: homme malhonnête, sans scrupules. Par extension, c'est le vice, la fraude, la corruption, le scandale, la compromission, le brigandage; elle conseille de rester très prudent.

Carte n° 38: Dame de coupe. Symbole: la mère, l'épouse modèle et vertueuse. Droite, elle signifie une femme blonde ou châtain, honnête, vertueuse, dévouée, à la conduite irréprochable. Renversée: elle présage tout le contraire: femme perverse; corruption, inconstance, dérèglement, mauvaise conduite.

Carte n° 39: Cavalier de coupe. Cette carte traduit l'idée de conquête et de victoire en amour. Symbole: le séducteur. Droite, elle présage une visite, une arrivée, une réception, un rapprochement, une invitation agréable. Renversée, elle indique: fourberie, artifice, complications, confusion, ruse, tricherie, tromperie.

Carte n° 40: Valet de coupe. Cette carte exprime l'idée de l'homme esclave des passions primaires. Symbole: jeune homme tourmenté par l'amour. Droite, elle désigne un jeune homme blond, observateur, travailleur, réfléchi; c'est l'étude, le travail, un métier, une profession, un emploi, une occupation, une situation, la réflexion, l'application, la considération, l'amitié. Renversée, elle signifie: cadeau, affection, sympathie, désir, séduction, louanges. Elle désigne également une entreprise ou un événement proche de la fin, sur son déclin.

Carte n° 41: 10 de coupe. Cette carte exprime la perfection du sentiment. Symbole: les amis. Droite, elle signifie la ville où habite le consultant, le pays, le village, la demeure, le logement; elle indique également une bonne réussite. Renversée, elle signifie: riche mariage, mais aussi irritation, emportement, agitation, courroux, violence; voisin du 7 de bâton, elle indique la calomnie.

Carte n° 42: 9 de coupe. Cette carte traduit une idée de sollicitude. Symbole: respect des traditions familiales et sociales; c'est l'aïeul, le grand-père. Droite, elle signifie une victoire, une réussite; honneurs, succès, gain, avantage, faste, pompe. Renversée, elle annonce franchise, vérité, sincérité, aisance, liberté, privauté, hardiesse, naïveté; voisin du 8 de denier, elle signifie un projet contrarié.

Carte n° 43: 8 de coupe. Cette carte traduit l'idée d'équilibre, l'âge de raison. Symbole: l'amour partagé. Droite, elle signifie le bonheur pour une jeune fille ou le mariage avec une blonde; elle indique une jeune fille honnête, timide, vertueuse; c'est la modestie, la pudeur, la douceur. Renversée, elle annonce un projet d'union; satisfaction, bonheur, joie, allégresse, fête, réjouissance, spectacle.

Carte n° 44: 7 de coupe. Les fleurs écloses symbolisent la résolution de problèmes matériels qui font entrave à des projets amoureux. Droite, cette carte signifie: faveur inattendue; esprit, intelligence, pensée, idée, conception, entendement, sentiment, imagination, décision. Renversée, elle signifie esprit de charité, projet, dessein, résolution, désir, volonté.

Carte n° 45: 6 de coupe. Cette carte exprime l'idée d'hésitation dans le domaine des sentiments. Symbole: scrupules et hésitations en ce qui concerne le mariage. Droite, elle indique le passé, les souvenirs, les choses anciennes, antérieures, antiques, vieilles, enfin ce qui était jadis, qui appartient à une autre époque. Renversée, elle signifie tout l'opposé: c'est l'avenir, le futur, le devenir, ce qui viendra après; c'est la régénération, la reproduction, le renouvellement.

Carte n° 46: 5 de coupe. Cette carte exprime l'idée de sagesse et de volonté qui dominent le sentiment. Symbole: renoncement aux liens nuisibles et inconséquents; discernement. Droite, elle signifie: héritage, succession, dot, testament, patrimoine, legs, tradition. Renversée, elle indique: union brillante, enfants, parents, famille, consanguinité, filiation, liens de parenté, affinités.

Carte n° 47: 4 de coupe. Symbole: naissance de garçons. Cette carte, droite, signifie: ennuis, désagrément, tracas, contrariété, inquiétude, inimitié, affliction, crise spirituelle. Renversée, elle indique: nouveauté, chance, présage, réunion.

Carte n° 48: 3 de coupe. Cette carte exprime l'idée d'évolution dans l'amour. Symbole: la grossesse. Droite, elle annonce la réussite, la victoire, le succès, l'amélioration d'une situation, le soulagement; la guérison, l'accomplissement; pour un artiste, c'est la célébrité; pour un écrivain, le succès littéraire; pour un militaire, une brillante carrière; pour une femme, un triomphe inespéré. Renversée, elle signifie désir, cupidité, envie, jalousie, passion, illusion, concupiscence, voracité, avarice.

Carte n° 49: 2 de coupe. Cette carte symbolise l'union des amants. Droite, elle signifie la richesse accompagnée d'avarice ou également: passion, amour, amitié, attrait, bienveil-

lance, attraction, liaison. Renversée, elle présage: désir, volonté, cupidité, envie, jalousie, souhait, concupiscence, avarice, rapacité, passion, illusion.

Carte n° 50: As de coupe. Cette carte exprime l'idée de la maison et de la famille; les passions confuses. Symbole: la famille et le foyer. Droite, elle signifie la volonté qui finit par triompher des difficultés; mais également: table, festin, abondance, fertilité; auprès de la dame, elle annonce une bonne nouvelle. Renversée, elle indique: heureuse inspiration, ou bien changement, renversement, modification, vente, troc, marché, contrat, permutation, métamorphose.

Les épées = les piques

Carte n° 51: Roi d'épée. Symbole: poète, magistrat, officier. Droite, elle indique un militaire ou une personne portant un uniforme; personnage influent: magistrat, homme d'affaires, avocat, juge, sénateur, député, politicien, médecin, homme de lettres, juriste. Renversée, elle indique un homme mauvais, cruel, perfide, méchant, impitoyable.

Carte n° 52: Dame d'épée. Elle exprime l'idée de la femme hardie et combative. Symbole: l'intrigante. Droite, elle représente la veuve abandonnée; elle signifie également la privation, le manque, l'indigence, la stérilité, la disette; ce qui est vide, inoccupé, vacant. Renversée, elle signifie méchanceté, fourberie, malignité, bigoterie, pruderie, tartuferie, exigeance; elle conseille de ne pas se marier à la légère.

Carte n° 53: Cavalier d'épée. Cette carte traduit l'idée d'aventure et de fanatisme. Symbole: chef, homme d'Etat, avocat, aventurier. Droite, elle signifie: militaire, combattant,

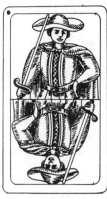

homme d'armes, ennemi, guerre, combat, destruction, inimitié, subalterne, stipendié; ce peut être également l'agression, la calomnie. Renversée, elle présage des disputes, des dissensions en famille; c'est encore l'ignorance, la bêtise, l'ineptie, la niaiserie, la stupidité; et dans un sens opposé, la fraude, l'escroquerie.

Carte n° 54: Valet d'épée. Symbole: vagabonds, rôdeurs de nuit, soldats. Droite, elle indique: espion, surveillance, observation; elle annonce la rivalité dans l'amour, la trahison d'un ami. Renversée, elle signifie surprise agréable, orateur improvisé; c'est ce qui surgit à l'improviste, sur-le-champ, de façon spontanée, sans préméditation, du premier jet.

Carte n° 55: 10 d'épée. Cette carte exprime l'idée de la diversité avec laquelle se manifestent les forces du mal et les attaques du sort. Symbole: ennemis et maladies. Droite, elle signifie douleurs, lamentations, pleurs, soupirs, plaintes, doléances, chagrins, préoccupations, désespoir. Renversée, elle indique au contraire la richesse, le succès, les avantages, le profit, le bénéfice, la réussite, le privilège, la supériorité, la faveur, le pouvoir, l'autorité.

Carte n° 56: 9 d'épée. Cette carte traduit l'idée du pouvoir d'attraction exercé par le mal. Symbole: haine, envie, vieillesse. Droite, elle signifie: grande contrariété; elle désigne le célibat, la dévotion, le sacerdoce, l'église, le monastère, le couvent, la religion, la cérémonie religieuse. Renversée, elle présage défiance, soupçon, doute légitime, crainte fondée; près de la carte du consultant, elle annonce la rupture d'une union; invitation et assistance à un mariage.

Carte n° 57: 8 d'épée. Cette carte exprime l'idée d'équilibre. Symbole: la justice qui condamne. Droite, elle signifie: discussion, duel; pour un soldat: combat ou encore critique, examen, censure, contrôle, jugement, blâme, condamnation. Renversée, elle annonce: accidents, événement fortuit, difficulté, obstacles, incidents, infortunes, catastrophe, fatalité, disgrâce, mauvaises propositions.

Carte n° 58: 7 d'épée. Cette carte exprime l'idée de la lumière qui a surgi des ténèbres. Symbole: vol, trahison. Droite, elle signifie espérance, vœu, souhait, désir, volonté, réussite dans les choses entreprises; pour une épouse, elle annonce de nombreux enfants. Renversée, elle présage: sages avis, bons conseils, avertissements salutaires, remarques, réflexion, admonition, réprimande, consultation.

Carte n° 59: 6 d'épée. Cette carte traduit l'idée de lutte chez les opprimés qui cherchent à s'émanciper. Symbole: la dépendance, l'état de santé critique. Droite, elle annonce un voyage, route, chemin, sentier, marche, promenade, démarche, voie, moyen; située près d'une carte de denier, elle signifie grande ambition. Renversée, elle présage: révélation, explication, confession, déclaration, publication, dénonciation, aveux, protestation, autorisation, certificat; c'est tout ce qui a pour but de rendre manifeste, de dévoiler.

Carte n° 60: 5 d'épée. Symbole: les remords, le langage de la conscience. Droite, elle présage perte, vol, dommages, détérioration, dégâts, dilapidation, avarice, dissipation, honte, corruption, libertinage. Renversée, elle signifie deuil, funérailles, enterrement, douleur, peines, abattement.

Carte n° 61: 4 d'épée. Cette carte exprime l'idée de la réalisation du mal. Symbole: l'accomplissement du mal. Droite, elle signifie: idées mystiques, solitude, isolement, exil, désert; ermitage, cloître, sépulture, tombe, bannissement, dé-

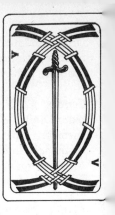

laissement. Renversée, elle indique: économie, bonne organisation, gestion habile, disposition, ordre, arrangement, épargne, prévoyance, sécurité, réserve, testament.

Carte n° 62: 3 d'épée. Symbole: instincts pervers, état morbide. Droite, elle signifie: grande déception, rupture, éloignement, séparation, dispersion, incompatibilité, aversion, ce qui est lointain, dispersé. Renversée, elle annonce: divorce ou mariage raté, mauvais présage, égarement, perte, dispersion, folie, divagation, erreur, aliénation.

Carte n° 63: 2 d'épée. Symbole: amitié, attachement. Droite, elle signifie: cadeau important, amitié, tendresse, sympathie, affection, affinité, intimité, attraction. Renversée, elle indique, tout au contraire: la fausseté, la confusion, l'imposture, la fourberie, la duplicité, le mensonge, la supercherie, la mauvaise foi, la superficialité.

Carte n° 64: As d'épée. Symbole: la lutte. Droite, elle signifie ce qui est extrême, l'excès, l'exagération, l'outrance, la passion, l'emportement, la folie, les limites, le confin, la fin des choses. Renversée, elle présage augmentation, fructification, agrandissement, grossesse, accouchement.

Les deniers = les carreaux

Carte n° 65: Roi de denier. Cette carte exprime l'idée de richesse accumulée en exploitant les autres. Symbole: l'homme enrichi, le parvenu. Droite, elle signifie: homme brun, usurier, commerçant, homme d'affaires, banquier, spéculateur; science, calcul, mathématique. Renversée, elle désigne un homme vicieux, menant une vie déréglée; vice, corruption, difformité, malformation.

Carte n° 66: Dame de denier. Elle traduit l'idée de la femme habile à s'enrichir. Symbole: courtisane; mondaine ou femme riche. Droite, elle désigne une femme brune, riche héritière; luxe, faste, opulence, assurance, hardiesse, sécurité, confiance. Renversée, elle signifie le contraire: santé incertaine; indécision, hésitation, perplexité, irrésolution, crainte, timidité; tout ce qui n'est pas sûr, ce qui est indéterminé, incertain.

Carte n° 67: Cavalier de denier. Cette carte traduit l'idée d'avidité, d'accumulation rapide de richesses et d'honneurs. Symbole: joueur, coureur de dot, exploiteur. Droite, elle présage utilité, intérêt, gain, avantage, profit, bénéfice; pour une femme, elle signifie conduite légère qui lui attirera des ennuis; pour un homme: elle annonce quelque chose d'utile, de profitable. Renversée, elle indique: occasions perdues, inaction, inertie, inactivité, indolence, paresse, désœuvrement, apathie, insouciance, anéantissement.

Carte n° 68: Valet de denier. Cette carte exprime l'idée de gains illicites. Symbole: domestiques et voleurs. Droite, elle signifie étudiant, disciple, négociant, spéculateur. Pour une femme, elle annonce que le bonheur lui viendra d'un homme riche. Renversée, elle annonce prodigalité, dilapidation, dissipation, désordre.

Carte n° 69: 10 de denier. Symbole: gain et perte d'argent, surtout au jeu. Droite, elle signifie: gains modestes; la maison, le domicile, la demeure, le logis, la caserne, la famille; située près du Chariot, elle annonce un héritage. Renversée, elle indique loterie, jeu de hasard, fatalité; auprès de l'as de coupe, elle annonce une fête familiale, la chance au jeu, de bonnes occasions pour gagner au jeu.

Carte n° 70: 9 de denier. Cette carte exprime une idée d'investissement fructueux, bon placement d'argent. Symbole: achat de fonds, exploitation d'un minerai. Droite, elle signifie: réussite certaine, réalisation, avoir. Renversée, elle indique: duperie, fraude, escroquerie, fourberie; auprès du Fou, elle annonce complot, déception, promesse non maintenue, projets envolés.

Carte n° 71: 8 de denier. Cette carte traduit l'idée d'égalité. Symbole: répartition équitable des biens, héritage; jeune fille. Droite, elle signifie belle situation, avenir brillant ou encore passivité, obscurité, fille brune. Renversée, elle indique: pour un célibataire, bonheur en famille; pour une femme: succès mondains; elle signifie également l'usure, l'avarice; par exemple, une jeune fille avare de compliments et de tendresse.

Carte n° 72: 7 de denier. Symbole: la bienfaisance. Droite, elle présage la prudence en affaires; voisine de la Roue de la Fortune, elle indique réussite, richesse, purification, argent, somme. Renversée, elle signifie mariage heureux ou bien, tout au contraire, souci, inquiétude, tourment, chagrin, appréhension, soupçon, crainte, impatience, préoccupation.

Carte n° 73: 6 de denier. Cette carte traduit l'idée du bien et du mal, l'alternance de l'avarice et de la charité. Symbole: bonne et mauvaise utilisation de l'argent. Droite, elle signifie surprise, attention, témoignage, vigilance; elle veut dire également héritage contesté. Renversée, elle indique ambition, espoir, désir, attente, souhait, envie, passion, cupidité, illusion, jalousie ou encore protection, puissante et inattendue.

Carte n° 74: 5 de denier. Cette carte traduit l'idée de fortune esclave de la raison. Symbole: économie et avarice. Droite,

elle signifie: gain inattendu ou encore amant, maîtresse, amoureux, époux, conjoint, ami, fiancé; aimer, adorer; accord, bien-être, entente. Renversée, elle indique désordre, dérèglement, inconduite, libertinage, dissipation, discordance, confusion.

Carte n° 75: 4 de denier. Cette carte exprime l'idée de germination et de fécondation de la terre. Symbole: fortune faite, fille à naître. Droite, elle signifie gain à la loterie ou au tiercé, argent bien employé, présent, don, cadeau, bienfait, offrande, gratitude, gratification, libéralité, générosité, couleur blanche. Renversée, elle annonce des difficultés qui seront surmontées ou encore cercle, circuit, barrière, clôture, cloison, limites, circonscription, couvent, cloître, monastère, empêchement, retard, opposition.

Carte n° 76: 3 de denier. Symbole: tractations initiales en vue de la réalisation d'un projet. Droite, elle signifie: offre d'affaire inespérée; noble, célèbre, grand, renommé, illustre, fameux, élevé, sublime, puissant, vaste, important; noblesse de cœur et d'action, honneur, grande considération, célébrité. Renversée, elle indique enfance, humilité, infériorité, petitesse, frivolité, médiocrité, lâcheté, bassesse, mortification; elle conseille de ne pas accepter une offre d'affaire.

Carte n° 77: 2 de denier. Cette carte exprime une idée d'émancipation grâce à l'argent; loi de l'échange. Symbole: contrat ou transactions financières. Droite, elle signifie: entreprise qui finira mal; obstacle, confusion, embarras, empêchement, difficulté, retard, anicroche, complications, embrouillement, inquiétude, perplexité, craintes. Renversée, elle présage: discussion animée et prolongée et encore: lettre, billet, missive, écrit, dépêche, communication, texte, traité, littérature, érudition, livre, ouvrage, épître.

Carte nº 78: As de denier. Symbole: l'argent. Droite, elle annonce: parfait contentement, félicité, joie, réussite, bonheur, satisfaction. Si elle se présente en premier, elle présage une chance tellement grande qu'elle triomphera de toutes les autres influences. Située près de la Roue de la Fortune, elle prédit une grande richesse, la réalisation d'un souhait, l'extase. Renversée, elle annonce argent, bourse, capital, opulence, richesse, trésors.

Nous énumérerons à présent un certain nombre de règles que Dagnésah tenait à observer:

1. La signification d'une carte se trouve renforcée ou au contraire amoindrie selon que cette carte se trouve plus ou moins rapprochée de la carte du consultant.

2. Le *roi* représente l'action et la volonté; la *dame*, l'indécision, la constance, la soumission; le *cavalier*, un jeune homme célibataire; le *valet*, l'activité sans esprit d'initiative.

3. *Bâtons* = trèfles: consultation d'affaires. *Epées* = piques: procès. *Coupes* = cœurs: amour. *Deniers* = carreaux: intérêts financiers.

4. Les *as* gouvernent les cartes voisines en renforçant leur signification ou en la réduisant d'intensité.

5. La carte renversée contredit, inverse, ou allège la signification de la même carte dans sa position droite.

Nous passerons maintenant aux différentes méthodes que l'on peut utiliser pour prédire l'avenir par les tarots.

La prédiction par les tarots

Le jeu de 25 cartes

On commence par mettre de côté la carte-sujet, correspondant au *roi d'épée* si le consultant est un homme, au *valet d'épée* si c'est un jeune homme célibataire, à la *dame d'épée* si c'est une femme mariée, à la *dame de denier* si elle n'est pas mariée. Puis on sépare les cartes de couleur des figures de tarot et l'on mélange les deux paquets séparément.

Du paquet des cartes de couleur, on enlève cinq cartes que l'on aligne sur l'endroit en allant de gauche à droite; puis on tire, du paquet des figures, une carte que l'on place au-dessus de la 5ᵉ carte (à droite): c'est en fonction de cette figure que l'on interprétera la signification des cinq cartes de couleur. On répète cette même opération quatre fois de façon à avoir au total quatre rangées de cinq cartes auxquelles s'ajoutent quatre figures placées au-dessus de la cinquième carte de chaque rangée. On tire alors une 5ᵉ figure que l'on place au-dessous de la 4ᵉ rangée, en position centrale (voir le tableau à la page suivante): c'est cette figure qui donnera la prédiction finale de tout le jeu.

Les cartes étant étalées selon ce dispositif, on effectue la lecture rangée par rangée, en rapportant toujours à chaque figure les prédictions données par les 5 cartes de la rangée correspondante. La dernière figure donne la réponse finale.

LE JEU DES 25 CARTES

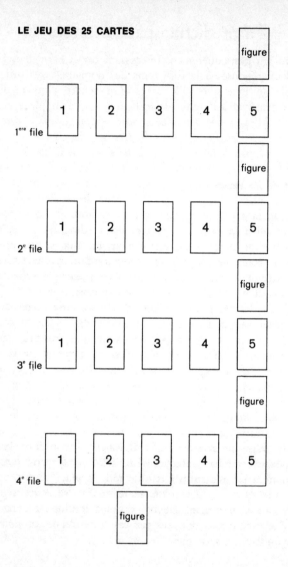

Le jeu de l'Echelle

C'est un jeu particulièrement intéressant car il permet d'obtenir deux réponses à la fois, dans des domaines très différents. Il se joue avec 15 cartes. On sépare cinq cartes dans le sens vertical, plus deux figures que l'on place sur la droite de la rangée; on répète cette opération mais, cette fois, on place les deux autres figures sur la gauche de la rangée de façon à obtenir une distribution symétrique, les quatre figures se trouvant placées à l'intérieur de l'espace défini par les deux rangées. Enfin, on place à la base du jeu une figure qui servira pour la réponse finale (voir le tableau de la page suivante).

On peut alors procéder à l'interprétation des cartes, celles de gauche concernant les relations sentimentales, les problèmes de cœur, et celles de droite se rapportant aux questions d'intérêt, à la vie sociale et professionnelle. On effectue la lecture dans l'ordre suivant: pour la réponse amoureuse 1ere, 3e, 5e cartes, première figure; 2e, 4e cartes, seconde figure. Pour la réponse d'intérêt: 8e, 10e, 12e cartes, troisième figure; 9e, 11e cartes, quatrième figure.

Pour terminer définitivement le jeu, on interprète la figure finale et unique.

Le jeu des Etoiles

Il figure parmi les jeux les plus simples. Il est conseillé pour les réponses d'ordre général. Il se joue ainsi: on forme trois paquets de 11 cartes chacun que l'on place retournées sur l'envers. Le consultant doit choisir l'un des paquets en le désignant avec la main gauche. Il ne reste plus qu'à effectuer la lecture des cartes une par une et à relier les significations.

Le petit jeu ou jeu de l'Amour

On tire 10 cartes du jeu au complet. On dispose ces 10 cartes sur deux rangées de cinq cartes chacune. Puis on tire trois figures pour la surprise. On procède ensuite à l'interprétation.

LE JEU DE L'ECHELLE

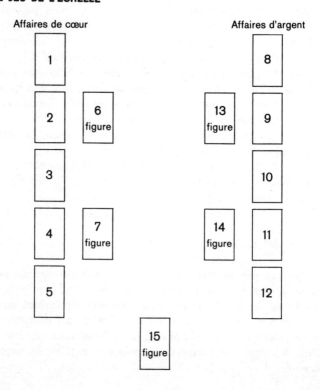

Le jeu des Bohémiens

On mélange les cartes et on fait couper le jeu. Puis on forme 12 paquets, les six premiers de sept cartes et les six autres de 6 cartes seulement, soit au total 78 cartes.

— le 1er paquet en commençant par la droite concerne la durée de la vie du consultant, son tempérament, son caractère, son corps, ses habitudes.

— le 2e paquet concerne sa situation économique, ses finances, son commerce, ses actions, ses biens: tout ce qui a rapport à sa vie matérielle.

— le 3e paquet concerne les rapports avec la famille.

— le 4e paquet concerne les gains inattendus: héritages, dons, legs, cadeaux, propriétés, biens immobiliers.

— le 5e paquet concerne la vie sentimentale, l'amour, la grossesse, les naissances, le nombre d'enfants, la vie sexuelle, les rapports amoureux, les relations intimes et tout ce qui se rapporte à la vie du couple.

— le 6e paquet concerne les maladies, leurs causes, leur traitement, leur évolution, leur guérison.

— le 7e paquet concerne les amitiés et les intimités, les réconciliations, les mariages.

— le 8e paquet concerne la mort et la guérison.

— le 9e paquet concerne les professions, les métiers, les arts et les sciences.

— le 10e paquet concerne tout ce qui a rapport avec l'administration, le gouvernement, l'Etat.

— le 11e paquet concerne tous les sentiments généreux: pitié, humanité, charité, bienfaisance, amitié.

— le 12e paquet concerne la méchanceté, la malveillance, les persécutions, les maux et les déplaisirs, les déceptions, les désillusions, enfin les malheurs de toute sorte.

Pour résoudre une question quelconque, il faut prendre trois paquets qu'on place en trigone (ou en triangle):

15	8	1	ou bien	13	7	1
16	9	2		14	8	2
17	10	3		15	9	3
18	11	4		16	10	4
19	12	5		17	11	5
20	13	6		18	12	6
21	14	7				

Comme on le voit, les paquets peuvent constituer quatre trigones différents, deux avec les paquets de 7 cartes et avec les paquets de 6 cartes. Chaque question que l'on désire résoudre se compose de trois membres: le premier membre comprend le problème principal; le second, les accessoires ou problèmes secondaires; le troisième, l'événementiel.

Ce jeu permet de donner des réponses succinctes et claires sur n'importe quel sujet (en connaissant exactement, bien entendu, la fonction des différents paquets).

Nombreuses sont les personnes qui, bien que considérant avec scepticisme le crédit que l'on peut accorder à l'art divinatoire en général, ne s'en remettent pas moins au mystérieux langage des cartes pour obtenir une réponse concernant une entreprise ou une affaire qui leur tient particulièrement à cœur. La question est délicate, parfois même angoissante: l'un sera tourmenté par la question du mariage (savoir s'il saura réaliser ses propres aspirations et sauvegarder son amour dans le mariage); l'autre s'inquiétera du résultat d'une affaire dont dépend la bonne marche de son entreprise (doit-il oui ou non passer cet accord industriel?); un troisième se demandera s'il fait bien de prendre telle ou telle attitude ou si ce comportement ne risque pas plutôt de le mener à une impasse; un autre encore s'inquiétera de l'avenir que lui réserve un voyage qu'il s'apprête à entreprendre (en obtiendra-t-il les résultats qu'il espère?).

Quelles réponses peut-on attendre des cartes?

Prenons un jeu ordinaire de 40 cartes; enlevons les 3 et 2: nous obtenons alors un jeu classique de 32 cartes. Après l'avoir coupé de la main gauche, nous pouvons commencer.

La réussite des 12 cartes

On écarte les six premières cartes, on met de côté la septième, on écarte à nouveau les six cartes suivantes, on garde la septième, et ainsi de suite, de sept cartes en sept cartes, jusqu'à épuisement du jeu. On reprend alors les cartes écartées que l'on mêle à nouveau et on procède de la même façon, de sept cartes en sept cartes, jusqu'à ce que l'on ait mis de côté douze cartes: c'est avec ces douze cartes que l'on va effectuer la réussite: on les pose à l'envers de gauche à droite. Puis, partant de la première carte, on désigne « as, roi, dame, valet, dix, neuf, huit, sept, six, cinq, quatre » et ainsi de suite; en même temps qu'il prononce chacune de ces invocations, le cartomancien découvre la carte correspondante: s'il a deviné juste, il enlève la carte du jeu. Si, poursuivant de cette façon, il réussit à réunir 12 cartes, la réponse sera positive.

La réussite des quatre as

On mélange le jeu, on le coupe et on enlève 12 cartes que l'on dispose quatre par quatre, plus une treizième. Si parmi ces treize cartes se trouvent les quatre as, la réussite est gagnée. Si parmi ces cartes ne figurent que trois as, ou deux, ou un seul, ou même zéro, on mélange toutes les cartes du jeu moins les as déjà sortis et on recommence. Pour que la réussite soit valable, on ne peut recommencer que trois fois. Si les quatre as sortent du premier coup, la réussite est parfaite. S'ils sortent en deux coups, elle est bonne; en trois coups, elle est médiocre. Au contraire, si à la troisième fois, aucun as n'est sorti, la réussite est improbable.

Pour un héritage

On prend un jeu de 78 cartes que l'on mélange et que l'on coupe. On tire 13 cartes que l'on aligne de droite à gauche. Si parmi elles se trouve l'as d'épée droit, le consultant recevra bientôt un héritage. D'autre part, si ces mêmes cartes font apparaître également quatre petites cartes de carreau (et non des figures), cela signifie que l'héritage sera important, bien plus important que ce que l'on croit.

Pour un voyage

De la même façon que dans le jeu précédent, on isole 13 cartes. Si parmi ces 13 cartes se trouvent l'as de coupe, l'as de bâton et le 10 de denier, cela signifie nouvelles probables. Si le 7 de denier sort: bonnes nouvelles; si l'as d'épée se trouve renversé: voyageur en péril. Un grand nombre de cartes blanches ou de petites cartes annonce de grandes réussites pour le consultant.

La réunion des cinq cartes, as, 7, 8, 9, 10 de coupe ou de bâton annonce une heureuse nouvelle pour le consultant.

Les petites cartes de denier annoncent gain de cause dans un procès, victoire au jeu; elles peuvent aussi prédire la mort d'un parent ou bien d'un ami.

Naturellement, les tarots restent toujours les cartes auxquelles on a coutume d'accorder le plus de crédit.

Nous exposerons maintenant un certain nombre de méthodes accessibles à tous.

Le premier coup de 26 cartes

On prend un jeu de tarots et on commence par faire le
« chaos »: cela consiste à mélanger les cartes plusieurs fois
de façon que certaines cartes se trouvent droites et d'autres
renversées, au hasard.

Puis on fait couper le jeu de la main gauche par le consultant qui, par ce geste « ouvre *le livre de Thot* ».

Le cartomancien prend alors la première carte qu'il pose sur
la table à sa droite, puis la deuxième carte qu'il pose devant
lui et la troisième carte qu'il pose à sa gauche. Il recouvre
alors ces trois cartes, en distribuant tout le jeu carte par carte,
une seule à la fois toujours de droite à gauche jusqu'à former
trois paquets de 26 tarots chacun.

On met de côté le paquet du milieu qui servira pour l'interprétation finale. On réunit alors les deux paquets comprenant au total 52 cartes et on les mélange à nouveau. On fait
couper et on distribue les cartes une par une, comme au
début, de façon à former 3 nouveaux paquets de 17 cartes
chacun, plus une carte qui reste.

On met de côté le paquet du milieu que l'on reprendra à
la fin pour l'interprétation.

On réunit les deux paquets de 17 cartes plus la carte d'avance, soit au total 35 tarots: on les mélange et on les fait
couper comme précédemment. On reforme trois nouveaux
paquets de 11 cartes chacun, plus deux cartes restantes. On
met de côté le paquet du milieu qui servira pour l'interprétation finale: il reste ainsi 2 paquets de 11 cartes plus 2
cartes d'avance, soit au total 24 cartes que l'on enlève définitivement pour ne plus y toucher.

On reprend alors les 26 cartes du premier paquet que l'on
étale en demi-cercle, puis les 17 cartes du second paquet
que l'on aligne sur une rangée à l'intérieur du demi-cercle,
et enfin les 11 cartes du troisième paquet que l'on aligne

au-dessous. On peut alors procéder à la lecture des cartes « surgies du chaos », comme disent les cartomanciens: pour ce faire, on commence par la rangée de 26 cartes, puis on passe à la rangée de 17 et enfin à la rangée de 11, en allant toujours de la droite vers la gauche.

Le second coup de 17 cartes

On mélange les 78 cartes que l'on fait couper. On étale en rond les premières cartes, en allant de droite à gauche, c'est-à-dire dans le sens contraire des aiguilles d'une montre. On procède à la lecture de ces cartes selon qu'elles se présentent droites ou renversées. Puis on consulte la première et la dernière carte du paquet restant, c'est-à-dire la 18^c et la 78^c carte.

D'après Etteilla, ces deux cartes ont une importance primordiale car c'est grâce à elles que le cartomancien peut savoir s'il est en communion intellectuelle avec son client.

Pour établir cette communion intellectuelle, sans laquelle la révélation de l'avenir est absolument impossible, il est nécessaire qu'un rapport étroit unisse le consultant et le cartomancien.

Avant de passer à d'autres systèmes, il nous faut nous arrêter à présent sur la valeur mystique que l'on accorde à certains chiffres, ceux-ci étant dotés d'une puissance surnaturelle qui influe fortement sur la signification des cartes et sur l'orientation générale de la consultation.

Le chiffre **3** représente une valeur mystérieuse par excellence car il réunit à lui seul l'unité, le **1**, qui désigne l'Etre unique, le Tout, l'Essence, c'est-à-dire Dieu, puis le **2** représentant l'Homme, c'est-à-dire l'être le plus parfait de la création, et enfin le **3** qui désigne la création de toute la nature physique, la matière dans ses constituants essentiels.

C'est pourquoi le chiffre **3** est le premier des nombres mystiques sortis du chaos qui précède la création. Dans la cartomancie, on retrouve partout le rythme ternaire sur lequel fonctionnent toutes les combinaisons de cartes, la triade servant toujours d'unité quels que soient les types de jeux et les méthodes que l'on utilise; en effet, si l'on prend, par exemple, les tarots, on s'aperçoit que les 21 premières cartes, c'est-à-dire les arcanes majeurs, correspondent au chiffre 7 multiplié 3 fois; ajoutons à ces 21 cartes, le tarot du Fou, le **0**, soit **22** lames, plus 16 autres figures mineures qui précèdent les séquences, plus les 40 séquences: on obtient alors trois nombres dont la formule algébrique est la suivante: $22 + 16 + 40 = 78$, nombre qui correspond au total des tarots. De la triade **21** découle naturellement le nombre quaternaire **14** et, en effet, si nous effectuons la somme $14 + 14 + 14 + 14$, nous obtenons **56**. Or $56 + 21 = 77$; à ces **77** ajoutons maintenant le Fou: nous obtenons **78**. Le **0** du Fou est une allégorie du grand cercle des actions et des folies humaines.

Le **7** est formé par la triade et par le quaternaire, $3 + 4 = 7$; et les 21 premiers tarots nous donnent $7 + 7 + 7 = 21$.

Voyons à présent pour quelles raisons le jeu de tarot se compose de 78 cartes, au lieu de 77. Les savants de l'Antiquité nous fournissent l'explication suivante: la triade **3** représentait les 3 grands cercles célestes, c'est-à-dire l'horizon, l'équateur et le méridien, ces 3 cercles étant coupés par 6 sections se terminant en 6 points qui, ajoutés au point central, donnaient le chiffre **7**. Ils virent ensuite que ces trois cercles se divisaient en 8 segments égaux: ils mirent alors un **8** après le **7** et obtinrent ainsi le nombre **78** qui correspond au nombre des tarots.

Mais il existe une seconde raison à ce choix du nombre 78: partant de leur alphabet arithmétique **1, 3, 4, 7**, les anciens le réduisirent à **1, 4, 7** et virent alors que cette triade formait le nombre **12**, puisque **1 + 4 + 7 = 12**; ayant ensuite cherché le nombre triangulaire de **12**, ils découvrirent que **1 + 2 + 3 + 4 + 5 + 6 + 7 + 8 + 9 + 10 + 11 + 12 = 78**.

Enfin ce choix repose sur un troisième motif: le *livre de Thot*, représentant la sphère universelle, devait se trouver en rapport avec les 360 degrés qui constituent le cercle; en décomposant le nombre **78** de la façon suivante: **78 + 87 + 7 + 8 = 180**, on obtient la moitié des degrés composant ce grand cercle: la seule moitié qu'il soit possible à l'homme d'embrasser en un même instant.

Le chiffre **12** est lui aussi un nombre mystique car **1 + + 4 + 7 = 12**. Ce nombre renferme les 6 cartes des choses célestes, les 6 de la création parfaite et les 4 vertus cardinales: *justice*, *tempérance*, *force* et *prudence*.

Les nombres mystiques sont par conséquent **3**, **7**, **12**, **14**, **21**, **28**, **35**, **42**, **49**, **56**, **63**, **70**, **77**. Et leur signification est la suivante:

3 et **7**: voyage heureux sur mer. La jeune fille épousera un homme blond, fortuné, qui sera l'élu de son cœur et qui saura la rendre heureuse.

12 et **14**: la prudence vous sauvera des ennemis de Dieu et des hommes.

21 et **28**: rupture avec la personne aimée mais un voyage viendra tout arranger et le bonheur sera plus grand encore qu'auparavant.

35 et **42**: l'ami que l'on croyait perdu est resté fidèle.

49 et **56**: vie heureuse; vous serez acclamé à l'unanimité et ces louanges ne vous attireront ni envie ni jalousie et ne feront l'objet d'aucune médisance.

63 et **70**: courage et beauté vous feront triompher de tout.

77 et **0**: le bonheur le plus parfait. Le tarot n° 77 et le 0, le Fou, forment la « grande puissance » sous la protection du soleil.

Ces rencontres, qui sont toujours extrêmement favorables, font perdre aux autres tarots la plus grande partie de leur valeur funeste ou de leur mauvaise influence.

Le troisième coup de 11 cartes

On l'appelle « les trois époques de la vie, mesurées par les événements ». Ces trois époques sont les trois côtés du triangle: *passé*, *présent* et *futur*.

On mêle le jeu de 78 cartes et on le fait couper. Puis on enlève du jeu la carte **n° 8** si le consultant est une femme et la carte **n° 1** si c'est un homme. On fait couper de nouveau le jeu et, avec les 11 premières cartes, on forme une colonne à droite; avec les 11 cartes suivantes, on forme une seconde colonne à gauche; au-dessus de ces deux colonnes, on étale 11 cartes sur une rangée horizontale de façon à ce que ces trois rangées de cartes forment un chapiteau (ou la lettre grecque π). A l'intérieur de cette figure, on étale 33 tarots (correspondant aux 33 cartes des 3 colonnes) en cercle, afin de former ce qu'on appelle la Roue de la Fortune. Il reste 11 cartes que l'on peut mettre définitivement à l'écart. La carte n° **1** (ou bien n° **8**) qui représente le consultant, carte que l'on avait isolée au début du jeu, doit être placée au centre du cercle

Nous devons souligner l'importance qu'il y a à bien respecter la disposition des cartes telle qu'elle vient d'être indiquée: en effet, si cette disposition venait à être modifiée, le fluide magnétique ne pourrait s'établir entre le consultant et le cartomancien, et la révélation de l'avenir resterait confuse.

Les 11 cartes de la colonne de droite et les 11 premières cartes de la roue, du **34e** tarot au **44e**, soit la première de la figure et la première partie du cercle, indiquent tout ce qui concerne le *passé*. Les 11 cartes formant le chapiteau, du

23e tarot au 33e, correspondant aux 11 cartes de la seconde partie de la roue, du 45e tarot au 55e, indiquent ce qui concerne le *présent*. Les 11 cartes de la colonne de gauche correspondant aux 11 cartes de la troisième partie de la roue, indiquent ce qui concerne le *futur*.

Pour la lecture des cartes, on procède par « comparaison », en commençant par les deux parties (colonne et roue) qui concernent le présent, et en terminant avec les 11 dernières cartes de la colonne et du cercle qui concernent l'avenir.

Pour ce faire, on procède de la façon suivante:

il faut surtout rappeler que la carte du consultant, placée au milieu du dispositif, c'est-à-dire au centre du cercle, doit toujours rester la carte la plus importante, celle qui domine le jeu: par conséquent, on devra faire bien attention de toujours aller de l'intérieur du jeu vers l'extérieur, c'est-à-dire commencer par le cercle. Ainsi, on commence par tirer le tarot **n° 34** sur le cercle, puis le tarot **n° 1** de la première colonne: on les interprète en fonction du tableau des puissances mystiques. On tire ensuite le tarot **n° 35** du cercle et le tarot **n° 2** de la colonne, puis le **36** et le **3**, et le **37** et le **4**, et ainsi de suite jusqu'à la fin du premier arc du cercle et de la première colonne.

On passe ensuite au second arc du cercle et au chapiteau: on tire le 45e tarot et le 23e, puis le **46** et le **24**, le **47** et le **25**, et ainsi jusqu'à la fin de cette deuxième partie.

Enfin, on passe à la dernière partie du cercle et à la deuxième colonne: on tire le 56e tarot et le 12e, le 57e et le 13e, le 58e et le 14e, et ainsi de suite jusqu'à épuisement des cartes.

Le quatrième coup de 7 cartes

On mélange le jeu et on le fait couper. Puis on étale 7 cartes en demi-cercle dans l'ordre selon lequel elles se présentent, en allant toujours de la droite vers la gauche. On en fait alors une première lecture, puis on en fait une deuxième lecture, mais cette fois-ci, en prenant 2 cartes à la fois: d'abord la 1ere et la 7e, puis la 2e et la 6e, enfin la 3e et la 5e; la 4e, qui reste seule, n'a aucune valeur et ne demande pas d'explications. Si la réponse obtenue ne satisfait pas le consultant, on recommence le jeu en prenant les 7 cartes inférieures du paquet. Si cette deuxième réponse ne satisfait pas le consultant, on peut recommencer le jeu une troisième et dernière fois.

Le dernier coup avec les tarots

Ce jeu ne se fait qu'à la demande du consultant et uniquement dans le cas où aucune puissance ne s'est manifestée dans les tours précédents.

On mêle les 78 tarots, et on fait couper le jeu par le consultant. Puis, on étale tout le jeu sur deux rangées très rapprochées, composées chacune de 39 tarots de façon à former ce que l'on appelle une colonne mystique. Ensuite, on enlève les cartes l'une après l'autre, en effectuant toutefois la lecture des cartes deux par deux, au fur et à mesure qu'elles sortent. Les 13 premiers couples de tarots correspondent aux événements *passés*, les 13 suivants correspondent au *présent*, et les 13 derniers concernent l'*avenir*. Quoi qu'il en soit, lorsqu'une puissance se présente, quelle que soit la partie dans laquelle elle se trouve, elle compte toujours pour l'avenir. Pour plus de facilité, et surtout afin de savoir immédiatement s'il existe une puissance dans le jeu, on peut disposer les cartes sur plusieurs colonnes, dont le nombre ne doit être ni inférieur ni supérieur à 3, 5, 7. Là encore, on effectuera la lecture en prenant les cartes deux par deux, colonne par colonne, en commençant par celle de droite.

La valeur des cartes selon
Etteilla

Nous désirons dédier ce chapitre au célèbre cartomancien Etteilla, fondateur de la cartomancie moderne.
Selon Etteilla, la signification des cartes était la suivante:

Les cœurs

L'as: bouteille, table, cadeau.
Le roi: homme blond.
La dame: femme blonde.
Le valet: jeune homme blond.
Le 10: la ville dans laquelle on habite.
Le 9: victoire.
Le 8: jeune fille blonde.
Le 7: pensée.

Les trèfles

L'as: beaucoup d'argent.
Le roi: homme brun.
La dame: femme brune.
Le valet: jeune homme brun.
Le 10: maison.
Le 9: cadeau.
Le 8: jeune fille brune.
Le 7: argent.

Les carreaux

L'as: lettre ou nouvelle.
Le roi: homme.
La dame: femme.
Le valet: soldat; renversé: serviteur.
Le 10: or; à côté de cartes de pique: trahison, douleur profonde, colère.
Le 9: retard.
Le 8: campagne; adversité.
Le 7: médisances.

Les piques

L'as: amour; renversé: grossesse.
Le roi: magistrat.
La reine: demi-mondaine, veuve.
Le valet: messager; renversé: curieux.
Le 10: larmes.
Le 9: ecclésiastique, maladie.
Le 8: campagne, adversité.
Le 7: espérance.

Les cartes regardées du côté gauche

Quatre as: honneurs.
Trois as: libertinage.
Deux as: ennemi.
Quatre rois: rapidité.
Trois rois: commerce.
Deux rois: projets.
Quatre reines: mauvaise compagnie.
Trois reines: gorge.
Deux reines: société.
Quatre valets: privation.

Trois valets: paresse.
Deux valets: ouvrier, travail.
Quatre 10: événement.
Trois 10: manque.
Deux 10: attente.
Quatre 9: usure.
Trois 9: imprudence.
Deux 9: gain.
Quatre 8: erreur.
Trois 8: spectacle.
Deux 8: barreaux.
Quatre 7: mauvais citoyen.
Trois 7: joie.
Deux 7: prostituée.

Les cartes regardées du côté droit

Quatre as: loterie.
Trois as: peu de succès.
Deux as: fraudes.
Quatre rois: grands honneurs.
Trois rois: consultation.
Deux rois: petit conseil.
Quatre reines: grandes conférences.
Trois reines: mensonge de femmes.
Deux reines: amies.
Quatre valets: maladie contagieuse.
Trois valets: litige.
Deux valets: inquiétude.
Quatre 10: récidive.
Trois 10: nouvel état.
Deux 10: changement.
Quatre 9: bon citoyen.
Trois 9: grand résultat.

Deux 9: peu d'argent.
Quatre 8: mésaventure.
Trois 8: mariage.
Deux 8: nouvelle amitié.
Quatre 7: intrigue.
Trois 7: infirmité.
Deux 7: petite nouvelle.

Les cœurs renversés

L'as: gain, table extraordinaire.
Le roi: homme aux cheveux brun châtain.
La dame: femme aux cheveux brun châtain.
Le valet: homme aux cheveux châtain clair.
Le 10: héritage.
Le 9: ennui.
Le 8: jeune fille aux cheveux châtain clair.
Le 7: désir.

Les carreaux renversés

L'as: loterie.
Le roi: homme.
La dame: femme.
Le valet: serviteur.
Le 10: or.
Le 9: entreprise.
Le 8: entreprise.
Le 7: naissance.

Les trèfles renversés

L'as: noblesse.
Le roi: homme aux cheveux châtain foncé.
La dame: femme aux cheveux châtain foncé.

Le valet: jeune homme aux cheveux châtain clair.
Le 10: amant.
Le 9: cadeau.
Le 8: jeune fille aux cheveux châtain foncé.
Le 7: embarras.

Les piques renversés

L'as: plaisir, grossesse.
Le roi: veuf.
La dame: femme du monde.
Le valet: espion.
Le 10: perte.
Le 9: prêtre.
Le 8: religieuse.
Le 7: amitié.

Etteilla fut le premier à numéroter les cartes et à attribuer à chaque nombre une signification particulière selon que la carte se présentait droite ou renversée. Il décida ensuite que toutes les fois où la somme des nombres serait égale à **31**, on aurait une « rencontre »: la rencontre indiquait le résultat de la prédiction selon le numéro de la carte et en renforçait ou en modifiait la signification.
Voici comment Etteilla numérotait les cartes afin de permettre la rencontre et de leur attribuer leur signification (— signe indiquant la carte droite; = signe indiquant la carte renversée).

Les carreaux

Roi n° 2: — fidélité.= père. Rencontre du **2** et du **29**, + voleur: = argent en poche
Dame n° 3: — air. = mère. Rencontre du **3** et du **28**, + vie: = extraordinaire

Valet n° 4: — fierté. = parent. Rencontre du **4** et du **27**, + généalogie: = je vous attends

As n° 5: — beau-père. = solitude. Rencontre du **5** et du **26**, + mauvais: = besoin d'argent

10 n° 6: — début. = eau. Rencontre du **6** et du **25**, + repos: = chute

9 n° 7: — pauvreté. = avantage. Rencontre du **7** et du **24**, + désunion: = chasteté

8 n° 8: — fin. = richesse. Rencontre du **8** et du **23**, + foi: = salut

7 n° 9: — le présent. = bon. Rencontre du **9** et **22**, + temps: = beaucoup

Les cœurs

Roi n° 10: — notable. = tuteur. Rencontre du **10** et du **21**, + abus: = gloire

Dame n° 11: — reconnaissance. = belle-mère. Rencontre du **11** et du **20**, + outrage: = plus

Valet n° 12: — générosité. = garçon. Rencontre du **12** et du **19**, + politique: = superstition

As n° 13: — mars. = méfiance. Rencontre du **13** et du **18**, + méfiance: = printemps

10 n° 14: — envieux. = mariage forcé. Rencontre du **14** et du **17**, + ivresse: = sincérité

9 n° 15: — curiosité. = empêchement. Rencontre du **15** et du **16**, + irréligion: = désespoir

8 n° 16: — succès. = sœur. Rencontre du **16** et du **15**, + couple: = dû

7 n° 17: — cœur. = hypocrisie. Rencontre du **17** et du **14**, + paye: = dette

Les piques

Roi n° 18: — science. = faiblesse. Rencontre du **18** et du

13, + irréligion: = innocence enchaînée

Dame n° 19: — vie. = avarice. Rencontre du **19** et du **12,** + ivresse: = mari trompé par sa femme

Valet n° 20: — compagnie. = impromptu. Rencontre du **20** et du **11,** + politique: = double mariage, bigamie

As n° 21: — Vénus. = grossesse. Rencontre du **21** et du **10,** + abandon: = abandon

10 n° 22: — jalousie. = feu. Rencontre du **22** et du **9,** + outrage: = inhumain

9 n° 23: — Saturne. = déplaisir. Rencontre du **23** et du **8,** + humanité: = humanité

8 n° 24: — prudence. = ambition. Rencontre du **27** et du **4,** + abus: = célibat

7 n° 25: — force. = indécision. Rencontre du **25** et du **6,** + temps: = procès

Les trèfles

Roi n° 26: — moins. = époux. Rencontre du **26** et du **5,** + foi: = inimitié

Dame n° 27: — ragots. = époux. Rencontre du **27** et du **4,** + désunion: = injustice

Valet n° 28: — esprit. = frère. Rencontre du **28** et du **3,** + repos: = adulation

As n° 29: — orphelin. = rancœur. Rencontre du **29** et du **2,** + mauvais: = prison

10 n° 30: — avenir. = passe-temps. Rencontre du **30** et du **1,** + généalogie: = grandeur

9 n° 31: — indiscrétion. = jeu. Rencontre du **31** et du **30,** + vie extraordinaire: = ingratitude

8 n° 32: — art. = éloignement. Rencontre du **32** et du **31,** + voleur: = ignorance

7 n° 33: — haine. = terre. Rencontre du **33** et du **32,** + bâtard: = imagination

Pour faire la rencontre, Etteilla procédait de la façon suivante: lorsque les cartes étaient étalées en une rangée sur la table et numérotées de la manière que nous avons indiquée ci-dessus, il les tirait deux par deux, la première à droite et la seconde à gauche, soit la première et la dernière carte de la rangée. Il regardait alors le numéro de chacune de ces cartes; si ces deux numéros étaient complémentaires, c'est-à-dire si leur somme était égale à 31 (par exemple: le 2 avec le 29, le 3 avec le 28, etc.), il y voyait une rencontre; cela signifiait que les cartes, en plus de leur valeur ordinaire, acquéraient une valeur supplémentaire qui leur était accordée par le destin.

Naturellement, si les deux cartes tirées à chaque extrémité de la rangée ne possédaient pas des numéros complémentaires de nature à produire la rencontre, ces cartes n'avaient alors d'autre signification que celle qui leur était assignée dans l'ensemble de la rangée. Certaines fois, on pouvait tirer toutes les cartes du jeu sans qu'i se produise aucune rencontre. Lorsqu'Etteilla faisait le « jeu symbolique », étant donné la profonde expérience qu'il avait du cœur humain et de ses vicissitudes, il pouvait se permettre de broder à partir de la signification des cartes, sans que la prédiction de l'avenir en soit pour autant affectée.

De cette façon, les *rois* devenaient l'image des souverains, des aïeuls ou des pères, des vieux, des personnages haut placés, des hommes parvenus au sommet de leur carrière, militaires ou autres personnages influents.

Les *dames* avaient les mêmes attributs que les rois. La première dame qui apparaissait dans le jeu pouvait représenter, selon sa couleur, une femme puissante, habile, bonne, passionnée, fidèle ou bien, tout au contraire, une intrigante, une femme aux mœurs légères, à l'esprit rusé, aux intentions mauvaises; elle pouvait être aimable et serviable ou inversement perfide et dangereuse. La deuxième dame qui apparaissait dans le jeu n'avait jamais qu'un rôle de second plan dans les prédictions.

Les *valets* pouvaient correspondre à des militaires, des serviteurs, des messagers, des confidents, mais ils représentaient toujours des hommes jeunes, des rivaux, des amoureux, des séducteurs.

Les *as* annonçaient des lettres ou des nouvelles.

Le *10 de carreau* signifiait la campagne; le *10 de cœur* la ville; le *10 de trèfle* de l'argent; le *10 de pique* des angoisses.

Le *9 de trèfle* indiquait un bon présage; le *9 de carreau* un retard heureux ou malheureux; le *9 de pique* ruine, mort ou maladie; le *9 de cœur* plaisir et joie.

Les *8* représentaient des jeunes filles de la ville ou de la campagne.

Les *7* indiquaient des jeunes filles pouvant apporter au consultant félicité ou désillusion en amour ou pouvant être heureuses ou malheureuses en amour.

Et voici la méthode symbolique qu'employait Etteilla, méthode qui est encore très souvent utilisée à l'heure actuelle.

On prend un jeu ordinaire de 32 cartes. On mêle les cartes et on fait couper le jeu. Puis, on tire les cartes une par une dans l'ordre où elles se présentent, tout en les désignant par des valeurs que l'on énonce dans l'ordre suivant, quelle que soit la carte tirée: « zéro » pour la première carte (celle du consultant), « as » pour la seconde, « sept » pour la troisième, « huit » pour la quatrième, et ainsi de suite jusqu'au roi. Lorsque, par hasard, la carte tirée correspond justement à la valeur que l'on a désignée, on la met à côté et l'on continue de cette façon, jusqu'à ce que l'on ne garde plus en main que 7 cartes. On aura donc mis de côté sur la table 26 cartes, y compris celle du consultant. On prend alors ces 26 cartes que l'on étale sans rien changer à l'ordre dans lequel elles sont sorties: on les dispose en cercle, le cercle

135

magique, en plaçant la première carte tirée en haut et en étalant les suivantes de la droite vers la gauche, c'est-à-dire dans le sens contraire des aiguilles d'une montre.

Donnons un exemple. Imaginons que le consultant est une jeune fille.

En partant de la carte du consultant et en allant de la droite vers la gauche, on trouve le *9 de trèfle* portant le numéro *31* et le signe = indiquant que la carte est renversée. On constate qu'il n'y a pas de « rencontre » puisque la carte n'est ni suivie ni précédée par un autre 9 et qu'elle n'est réunie ni à droite ni à gauche: selon la méthode symbolique, cela signifie qu'il y a un retard. Mais nous avons vu d'autre part que la carte était renversée: l'interprétation se complique alors. On en donnera par conséquent l'explication suivante: « Mademoiselle, ce *9 de trèfle* annonce que vous devez recevoir un cadeau mais que ce cadeau fera l'objet d'un retard. » On procède de la sorte jusqu'à ce que l'on ait épuisé toutes les cartes.

La valeur des cartes selon Mademoiselle Lenormand

Les cœurs

L'as: heureuse nouvelle. S'il est entouré par des figures, grand repas, banquet entre amis.

Le roi: homme bien, brun, marié, riche et généreux. Renversé: ses bonnes intentions resteront sans effet. C'est un homme d'âge moyen, intelligent et raffiné.

La dame: femme ou jeune fille blonde, chaste et bénéfique, qui n'hésitera pas à vous apporter son aide si vous en avez besoin. Renversée: vos espoirs seront retardés.

Le valet: jeune homme blond. Soldat qui cherche à vous être utile et qui deviendra un membre de votre famille. Renversé: ses bonnes intentions seront inutiles.

Le 10: surprise agréable. Renversé: le contraire.

Le 9: il indique la conciliation et le resserrement des liens affectifs entre amis, amants et époux, parmi lesquels certaines personnes envieuses aimeraient répandre la zizanie.

Le 8: pour une personne célibataire, bonheur en amour et réussite en affaires. Pour une personne mariée, les enfants apporteront de grandes satisfactions.

Le 7: bon mariage avec une personne dotée de grandes qualités, tant du point de vue physique que du point de vue moral.

Les carreaux

L'as: vous recevrez une lettre ou bien un ami vous apportera des nouvelles.

Le roi: un homme cherche à vous nuire; mais n'ayez crainte, toutes ses tentatives resteront vaines. Renversée: il parviendra à réaliser ses mauvais desseins et vous procurera des ennuis.

La dame: femme méchante dont la langue perfide se déchaîne contre vous. Renversée: elle réussira à vous nuire.

Le valet: mauvaises nouvelles apportées par un ami ou par un militaire.

Le 10: vous ferez un voyage imprévu, mais indispensable.

Le 9: retard déplaisant dans le versement d'une somme d'argent que vous attendiez et sur laquelle vous comptiez.

Le 8: un jeune homme aura pour vous des attentions qui vous surprendront.

Le 7: gain à la loterie ou à un autre jeu de hasard; annonce également une bonne nouvelle s'il se trouve à côté de l'as de carreau.

Les piques

L'as: grande tristesse.

Le roi: commissaire de police, juge ou procureur avec lequel vous aurez maille à partir. Renversé: vous perdrez un procès.

La dame: une veuve qui désire se remarier et qui essaie de vous nuire. Renversée: elle réussira à mener à bien ses mauvais projets.

Le valet: jeune homme qui sera cause pour vous de nombreux déplaisirs. Renversé: attendez-vous à une trahison de sa part.

Le 10: emprisonnement.

Le 9: retard dans vos entreprises.

Le 8: mauvaise nouvelle. Renversé et suivi du 7 de carreau: larmes, tourments, discorde.
Le 7: querelles, angoisses et quelques larmes.

Les trèfles

L'as: vous recevrez de l'argent et vous en gagnerez dans le commerce.
Le roi: homme brun, marié, juste et bon, qui vous rendra de grands services. Renversé: les bonnes intentions qu'il nourrit à votre égard porteront leurs fruits, mais plus tard.
La dame: femme ou jeune fille brune qui vous aime. Si la carte est renversée: vous exciterez sa jalousie.
Le valet: jeune homme brun. Vous vous marierez avec une personne de votre convenance ou vous la marierez à l'un de vos proches. Renversé: il y aura un retard dans la conclusion de ce mariage.
Le 10: succès dans les entreprises. Suivi du 9 de carreau: retard dans un versement d'argent. Voisin du 9 de pique: perte.
Le 9: réussite et bonheur en amour.
Le 8: grande espérance bien fondée.
Le 7: faiblesse provoquée par l'amour. Suivi du 9 de trèfle: héritage.

La valeur des cartes qui se suivent

Quatre rois: — honneur; = rapidité.
Trois rois: — réussite dans le commerce; = commerce.
Deux rois: — bons conseils; = projets.
Quatre dames: — médisances; = mauvaise compagnie.
Trois dames: — ruse féminine; = jalousie.
Deux dames: — amitié; = travail.
Quatre valets: — maladies contagieuses; = étroitesse.

Trois valets: — paresse; = dispute.
Deux valets: — altercation; = société.
Quatre as: — mort; = destins divers.
Trois as: — libertinage; = petit succès.
Deux as: — inimitié; = dangers.
Quatre 10: — événements déplaisants; = intervention de la justice.
Trois 10: — changement de situation; = perte.
Deux 10: — perte; = attente ratée.
Quatre 9: — bonnes actions; = usure.
Trois 9: — imprudence; = réussite minime.
Deux 9: — argent; = gain.
Quatre 8: — revers; = erreur.
Trois 8: — mariage; = distraction dans l'action.
Deux 8: — déplaisir; = nouvelle amitié.
Quatre 7: — intrigue; = honte.
Trois 7: — divertissement; = plaisirs.
Deux 7: — amour récent; = nouvelles récentes.

La valeur des cartes réunies

Tierce au roi de trèfle: mariage pour un jeune homme aux cheveux bruns.
Tierce au roi de trèfle avec l'as de pique renversé: mariage pour les jeunes filles brunes.
Tierce au roi de carreau: mariage pour les jeunes hommes blonds habitant la ville.
Tierce au roi de carreau avec l'as de pique renversé: mariage pour les jeunes filles blondes habitant la campagne.
Tierce au roi de pique avec l'as de cœur: mariage pour un veuf ou pour une veuve.
Les quatre petites cartes de trèfle avec leur as, et l'as de pique renversé: mort, gain, héritage.

Le roi de pique et les quatre 10: gain de cause dans un procès.

Quinte majeure à pique: perte d'un procès.

Les quatre valets, le roi et le 8 de pique: les voleurs ont été découverts et seront emprisonnés.

Le roi de trèfle, la dame de cœur et l'as de trèfle avec les quatre valets: les voleurs restitueront leur larcin.

Les quatre valets avec une majorité de carreaux parmi les autres cartes: ou bien les voleurs ne seront pas arrêtés ou bien ils seront acquittés.

Le roi de pique, le valet de carreau, le 9 de pique, le 9 de carreau et le 8 de pique: vous resterez en prison ou bien vous aurez beaucoup de difficultés pour en sortir.

L'as de carreau, l'as de cœur suivi de la dame de cœur: vous aurez dans peu de temps des nouvelles concernant les personnes qui sont en voyage et pour lesquelles vous éprouvez un grand intérêt.

Le 10 de cœur, l'as de cœur, le 7 de carreau: vous recevrez des nouvelles sûres concernant les voyageurs auxquels vous vous intéressez.

Le 9 de cœur, l'as et le 10 de trèfle: les voyageurs réussiront dans leur entreprise, qu'ils soient en mer ou sur terre.

Le 8 de carreau face au consultant: les voyageurs reviendront.

L'as de pique face au consultant: les voyageurs sont morts.

La méthode de Mademoiselle Lenormand

On prend un jeu de 32 cartes, on le mêle et on le fait couper; puis on fait tirer au hasard 11 cartes par le consultant. Le cartomancien reprend le jeu qui se compose maintenant de 21 cartes seulement.

Il remêle les cartes et tire lui-même 11 cartes dont il extrait une carte qu'il met de côté pour la surprise finale.

Il réunit ensuite les 21 cartes tirées qu'il étale sur la table, de droite à gauche, dans l'ordre selon lequel elles sont sorties. Il en fait une première lecture, en tenant compte de la position (droite ou renversée) de chaque carte et des rencontres, s'il y en a.

Il réunit ensuite les cartes, les mélange à nouveau, fait couper le jeu, et répartit les cartes en trois paquets de 7 cartes chacun, qu'il distribue une par une. Ceci fait, il fait choisir par le consultant l'un des paquets dont il extrait la carte du dessus qui sera la deuxième carte de la surprise. Il procède alors à la lecture des cartes qui restent.

Il réunit une nouvelle fois les cartes, les mélange et fait couper le jeu. Puis il forme trois paquets, comme précédemment, et tire de l'un des paquets la troisième carte de la surprise. Il procède à la lecture des autres cartes.

Enfin, en procédant toujours de la même façon, il répartit une dernière fois le jeu en trois paquets, il enlève la quatrième carte de la surprise, et effectue la lecture des cartes.

Il reprend alors les quatre cartes mises de côté pour la surprise et termine le jeu par leur interprétation.

La valeur des cartes
selon les cartomanciens italiens

Dans notre traité, nous ne devons pas oublier de citer les noms des deux plus célèbres devins italiens: Pinetti et Veneficiani.

Voici la valeur que Pinetti attribuait aux cartes:

Les cœurs

L'as: joie. Avec plusieurs figures: joyeuse compagnie.

Le roi: homme ricne qui vous viendra en aide. Renversé: il signifie le contraire.

La dame: femme bonne, sincère, qui vous sera utile. Renversée: empêchement à un mariage.

Le valet: vous allez recevoir la visite d'un militaire; un lien affectif profond vous unira avec un jeune homme qui a pour vous une profonde estime.

Le 10: surprise. Une personne s'intéresse à vous.

Le 9: vous éprouverez de la joie.

Le 8: pour une personne célibataire, les affaires iront très bien. Pour une personne mariée, les enfants seront un sujet de joie et de consolation.

Le 7: si le consultant est un jeune homme, il épousera une jeune fille sérieuse et issue de bonne famille. Si le consultant est une jeune fille, lorsqu'elle se mariera, elle n'aura que des filles.

Les carreaux

L'as: lettres brèves.
Le roi: amitié et mariage. Renversé: de grandes difficultés.
La dame: femme blonde, campagnarde, qui dit du mal de vous. Si elle est renversée: vous lui rendrez le mal qu'elle vous a fait.
Le valet: nouvelles apportées par un militaire ou par le facteur. Si la carte est renversée, les nouvelles seront mauvaises.
Le 10: grande joie; transfert.
Le 9: petit retard qui toutefois ne viendra pas troubler vos affaires.
Le 8: un jeune commerçant s'intéresse à vous.
Le 7: bonne nouvelle, surtout s'il se trouve à côté de l'as de carreau. Avec le 9 de trèfle: grand succès.

Les trèfles

L'as: suivi de l'as de carreau et du 7 de trèfle: gain, grande réussite. Si on vous doit de l'argent, vous le toucherez rapidement. Les armateurs et les marchands verront leurs affaires prospérer.
Le roi: il désigne une personne raisonnable qui agira dans votre intérêt et vous rendra de grands services. S'il est renversé, il signifie retard, insuccès.
La dame: femme brune; rivalité, concurrence. Si elle se trouve à côté d'un homme, elle sera fidèle à cet homme. Si elle est à côté d'une femme, elle s'intéresse à vous. Renversée, elle est jalouse et infidèle.
Le valet: un amoureux. S'il est à côté d'une dame, il parviendra à conquérir la jeune fille dont il est épris; s'il est à côté d'un homme, une personne s'est prise d'affection pour lui et se mettra en quatre pour le voir heureux. Suivi d'un valet de cœur, il sera supplanté par un rival. Renversé: ses parents s'opposeront à son mariage.

Le 10: réussite, prospérité et succès dans toutes les choses entreprises. Suivi du 9 de carreau: retard dans un versement d'argent. Suivi du 9 de pique: échec d'une entreprise et perte d'une cause.

Le 9: grand succès en amour, en particulier si le consultant est une jeune fille ou un jeune homme. Si c'est une femme, elle se remariera.

Le 8: vous espérez à juste titre recevoir de l'argent.

Le 7: faiblesse en amour. Suivi du 7 de carreau et du 9 de trèfle: abondance; vous hériterez d'un parent.

Les piques

L'as: suivi du 10 et du 9, il annonce une mort; grande tristesse, trahison, vol.

Le roi: magistrat avec lequel vous aurez affaire. Pour un homme: ennuis causés par l'intervention d'un commissaire de police. Renversé: difficultés en affaires.

La dame: femme triste. Renversée: veuve qui désire se remarier à l'insu de ses parents et de ses enfants.

Le valet: si le consultant est un jeune homme, il aura de gros ennuis et on cherchera à lui nuire. Si c'est une jeune fille, elle sera trahie par l'homme qui lui fait la cour. Si le valet est renversé, préparez-vous à lutter contre le mauvais sort car des personnes sont en train de comploter contre vous.

Le 10: retard ou échec dans une entreprise quelconque. Suivi du 9 de carreau et de l'as de trèfle: le versement d'argent que vous attendez sera retardé.

Le 9: angoisses, douleurs.

Le 8: une personne vous apportera de mauvaises nouvelles. Suivi du 7 de carreau et voisin d'une figure: larmes, discorde et perte d'emploi.

Le 7: altercation; s'il est voisin d'une carte de cœur, vous serez libéré d'une angoisse; sécurité, indépendance.

La valeur des cartes selon Veneficiani

Les cœurs

L'as: joie et cadeaux.
Le roi: ami blond.
La dame: femme blonde et bonne.
Le valet: jeune homme blond qui vous aime.
Le 10: votre propre maison.
Le 9: heureuse surprise.
Le 8: jalousie d'hommes.
Le 7: jalousie de femmes.

Les carreaux

L'as: lettre.
Le roi: homme blond, méchant.
La dame: femme blonde, fourbe.
Le valet: militaire blond, bienveillant.
Le 10: entreprise, affaire.
Le 9: réussite d'une affaire.
Le 8: argent.
Le 7: petite somme d'argent.

Les piques

L'as: déplaisir, dispute.
Le roi: homme brun, mal intentionné.

La dame: veuve brune, plongée dans le deuil et l'affliction.
Le valet: jeune homme brun, mélancolique.
Le 10: secret, obscurité, événement nocturne.
Le 9: grand retard.
Le 8: larmes.
Le 7: inquiétude.

Les trèfles

L'as: victoire.
Le roi: homme brun, ami.
La dame: femme brune, amie.
Le valet: amant.
Le 10: campagne, promenade.
Le 9: voyage.
Le 8: un ami s'intéresse à vous.
Le 7: petit cadeau.

La valeur des cartes réunies

Nombreuses figures dans le jeu: réunions et grands repas.
Quatre rois: grand succès.
Trois rois: bons conseils, bonne entreprise.

Deux rois: amitié.
Quatre dames: assemblées, discours ou affaires de femmes.
Trois dames: bavardages et médisances de femmes.
Deux dames: ragots.
Quatre valets: réunion de jeunes.
Trois valets: disputes.
Deux valets: mauvaise compagnie.
Quatre as: succès. Quatre as l'un à côté de l'autre: mort soudaine.
Trois as: nouvelles.
Deux as: espérances.

Quatre 10: bonne réussite.
Trois 10: perplexité.
Deux 10: fortune prospère.
Quatre 9: événement imprévu.
Trois 9: crainte, appréhension.
Deux 9: joie de brève durée.
Quatre 8: réussite.
Trois 8: jalousie.
Deux 8: amours froides.
Quatre 7: enfants.
Trois 7: désaccords.
Deux 7: déclaration d'amour.

Les solitaires

Nous devons également dire quelques mots des solitaires qui représentent ce que l'on appelle la cartomancie mineure, c'est-à-dire la partie la moins importante de la cartomancie et qui n'a que de très lointains rapports avec la science et l'art divinatoires proprement dits. Les solitaires n'en constituent pas moins une pratique extrêmement répandue.

En effet, très nombreux sont les gens qui, le soir, avant de se coucher, font un solitaire, afin de donner à leur repos la consolation d'un espoir aussi agréable qu'éphémère. Car ce que l'on appelle le « petit jeu » a davantage la valeur d'un procédé d'autosuggestion que d'une interprétation divinatoire proprement dite.

Récapitulation des principes
généraux de la cartomancie

Nous pouvons à présent récapituler les principes généraux de la cartomancie auxquels on doit obéir si l'on veut réussir le jeu et devenir un bon cartomancien chose qui, en réalité, n'est pas difficile.

Le véritable jeu se compose de 33 cartes et non de 32 cartes car on doit toujours ajouter aux 32 cartes normales, la carte blanche qui représente le consultant: en effet, cette 33e carte, ou carte blanche, permet de laisser libre la dame ou le roi de cœur, ou la dame ou le roi de trèfle; de cette façon, on évite de mobiliser l'une des figures essentielles du jeu sans laquelle il deviendrait impossible.

Le jeu de 33 cartes a été utilisé par les plus célèbres cartomanciens, parmi lesquels Etteilla.

Les cartes doivent être battues trois fois: la première fois par le cartomancien qui doit prendre soin de les mêler sens dessus dessous afin qu'elles ne se présentent pas toutes également droites ni également renversées; la seconde fois, par le consultant lui-même; la troisième fois, à nouveau par le cartomancien. Le jeu doit ensuite être coupé, toujours de la main gauche, par le consultant. Enfin, lorsque l'on étale les cartes sur la table, il faut toujours aller de la droite vers la gauche; de même, on doit toujours procéder de droite à gauche lorsque l'on effectue la lecture ou l'explication des cartes.

On appelle:

Cartes de gauche celles qui sont situées à droite de la carte représentant le consultant (carte blanche, roi ou dame), c'est-à-dire à gauche du cartomancien.

Cartes de droite celles qui sont situées à gauche de la carte représentant le consultant, c'est-à-dire à droite du cartomancien.

Nous rappellerons maintenant les règles essentielles dont le débutant doit absolument tenir compte s'il désire devenir un bon cartomancien.

1. Dans un premier temps, étudier très soigneusement la signification particulière de chaque carte, droite ou renversée.

2. Etudier ensuite toutes les modifications qu'apportent les rassemblements de cartes, groupements et rencontres.

3. Etre capable de concentrer toutes ses facultés et sa volonté dans l'acte que l'on est en train de réaliser, afin que rien ne puisse distraire l'esprit de son travail d'interprétation.

4. Une personne distraite, préoccupée, sans mémoire, qui n'aurait pas acquis une science suffisante ou qui ne serait pas douée des facultés d'observation, d'intuition, de compréhension, ne pourra jamais devenir un bon cartomancien.

5. Les personnes nerveuses sont celles qui possèdent le plus de dons pour la cartomancie car elles sont aptes à capter d'emblée les signes qui peuvent aider à la compréhension des cartes et cela grâce à leur hyperexcitation nerveuse qui maintient sans arrêt leur sensibilité en éveil.

6. Lorsque le débutant aura acquis un minimum d'expérience dans le maniement des cartes, il devra s'exercer à la pratique de toutes les méthodes que nous avons exposées, non seulement pour acquérir la rapidité nécessaire, mais aussi afin d'apprendre à résoudre le plus grand nombre de problèmes auxquels il devra inévitablement faire face dans l'exercice de sa pratique.

Dans l'introduction de ce bref traité, nous avions parlé du *livre de Thot*, composé de 78 lames d'or pur sur lesquelles étaient gravés des hiéroglyphes et des paroles mystérieuses. Ce sont ces lames qui ont servi de fondement à toute la cartomancie égyptienne et c'est précisément en se fondant sur elles que le grand Etteilla créa la cartomancie moderne. Maintenant, à titre de curiosité, nous ferons un rapide exposé de leur signification telle qu'elle a été retransmise à travers les siècles.

Carte n° 1: cette carte représente le chaos, le grand Etteilla, le roi Thot, le génie et le consultant; c'est une carte de bon augure. Si, par un heureux hasard, cette carte sort la première, qu'elle soit droite ou renversée, le consultant recevra la protection du créateur de toutes choses et pourra compter sur une grande prospérité. Lorsque cette lame est réunie avec le tarot n° 77, elle annonce au consultant science et génie. Chez les Egyptiens, le roi Thot représentait le dieu des sciences et des arts: ainsi, si le consultant est un artiste, il pourra être assuré de connaître le succès, à moins qu'une carte défavorable ne vienne annoncer l'impossibilité de cette réussite pour des motifs indépendants de la volonté du consultant. D'autre part, cette carte représente le chaos, c'est-à-dire l'univers avant la création des mondes, et les 7 tarots qui suivent celui-ci, jusqu'au n° 8 inclus, représentent les six jours de la création, plus le septième, jour de repos du créateur. Et, de même que le créateur a fait surgir la vie à partir du néant et de la matière inerte, de même le consultant peut contribuer, grâce à ses talents créatifs, à l'amélioration de la société qui l'entoure.

Carte n° 2: la carte n° 2, elle aussi, est une carte assez bonne pour le consultant, lorsqu'elle se présente droite. En effet, elle indique un esprit clair, lucide, d'une grande générosité, capable de démêler les affaires embrouillées et de triompher des difficultés.

Voisine ou très proche de la carte n° 75 ou n° 72 renversée, elle annonce gloire, honneurs, récompenses; voisine de la carte n° 13 droite, elle prédit un mariage prochain; à côté de la carte n° 35 renversée, elle annonce la multiplication de la famille.

Lorsqu'elle se présente renversée, elle présage mésaventures, mésententes, discordes, colère, tristesse et en particulier si elle est voisine de la carte n° 28 renversée.

Proche de la carte n° 21, elle annonce la trahison d'un ami; à côté de la carte n° 77, elle indique une trahison, qui cependant finira par se retourner contre la personne qui l'a ourdie. Proche de la carte n° 63, elle signifie que la trahison est certaine.

En résumé, si la carte se présente droite, le consultant aspire à la gloire et ses aspirations seront satisfaites; si, au contraire, la carte est renversée, il ne pourra réaliser ses aspirations qu'au prix de grands sacrifices, en surmontant maintes difficultés et en traversant de nombreux moments de désespoir. D'autre part, cette lame représente le premier jour de la création, le jour où Dieu créa la lumière en la séparant des ténèbres.

Carte n° 3: cette carte possède plusieurs significations; elle est par conséquent assez difficile à interpréter. Lorsqu'elle se présente droite, elle annonce le bonheur et la réussite en affaires; au contraire, lorsqu'elle se présente renversée, elle prédit trahisons et mensonges, calomnies et médisances. Voisine de la carte n° 28, elle signifie discordes; proche de la carte n° 40 renversée, elle indique des peines et des chagrins, surtout si le consultant est jeune; suivie de la carte n° 39, elle présage un héritage et un mariage; à côté de la carte n° 62 renversée, elle promet une amitié fidèle; mais si la carte n° 62 est droite, elle annonce contrariétés et déplaisirs. Cette carte symbolise le deuxième jour de la création, jour où Dieu a séparé l'eau de l'air et a créé le firmament.

Carte n° 4: les Egyptiens considéraient cette lame comme néfaste; elle représentait pour eux la mauvaise étoile qui faisait augurer la malchance.

Lorsque la carte n° 4 est située à côté de la lame n° 20 ou de la lame n° 70, elle prévient le consultant de rester très attentif à tout ce qui pourrait lui arriver. Les commentateurs modernes voient dans ce tarot un emblème de clarté, d'intelligence, toutes conditions en somme pour que la chance vous sourie. Lorsque cette carte se présente renversée, elle annonce toujours un heureux présage et indique que le consultant possède intelligence et perspicacité.

Elle représente le troisième jour de la création: jour où Dieu a créé la terre en la séparant des eaux, puis les arbres et les plantes afin qu'ils croissent sur la terre et y donnent leurs fruits.

Carte n° 5: cette carte est hautement favorable, même si elle se trouve à côté d'autres cartes au pouvoir néfaste et cela surtout lorsqu'elle se présente droite. Suivie de la lame n° 77, elle annonce un immense bonheur qui ne sera jamais troublé par aucun ennui ni contretemps, même d'ordre passager. Située à côté ou au voisinage de la carte n° 9 (la justice), de la carte n° 36 et de la carte n° 58, elle prédit la victoire dans une cause très embrouillée et de longue durée ou bien dans un procès très important dans lequel le consultant occupera un rôle de tout premier plan; ou encore, elle annonce la rentrée d'une importante somme d'argent dans un avenir plus ou moins proche.

Lorsque cette carte est renversée, le consultant doit se préparer à affronter un certain nombre de difficultés et complications en rapport avec le procès dont nous venons de parler; il devra reconnaître cependant que tous ses ennuis sont dus au fait qu'il ne s'est pas occupé de ses affaires comme il aurait dû, et qu'il n'a pas voulu suivre les conseils prudents et avisés qui lui avaient été donnés.

Quoi qu'il en soit, même si cette carte se présente renversée, il ne faut pas pour autant craindre la misère, surtout si à ses côtés apparaissent des tarots favorables comme le n° 77 et le n° 16 (cause gagnée). Au contraire, si elle sort à côté de la carte n° 13 renversée, elle annonce un mariage raté qui sera à l'origine de la ruine du consultant.

La carte n° 5 représente le quatrième jour de la création, jour où Dieu a créé les étoiles dans le firmament afin de séparer le jour et la nuit, et d'établir le cycle des années, des saisons et des jours.

Carte n° 6: les significations de cette carte sont multiples et mystérieuses. Droite, elle laisse présager des intrigues dont le consultant sera la victime, intrigues qui auront des conséquences plus ou moins graves, selon que cette carte se trouvera entourée de tarots favorables ou funestes. Elle indique également chez le consultant une certaine tendance au mysticisme et l'existence de solides qualités morales.

Il faut craindre la proximité de cartes néfastes, comme le tarot n° 21 qui annonce au consultant la haine que nourrit à son égard une personne de son entourage, et le tarot n° 26 qui indique une trahison.

Au contraire, lorsque la carte n° 6 est renversée, elle signifie que les affaires du consultant, après avoir traversé une période difficile et embrouillée, finiront par s'éclaircir et s'arranger dans un délai plus ou moins rapide selon que les cartes voisines sont plus ou moins favorables. Si le consultant est un homme âgé, la carte n° 6 lui promet encore bien des années à vivre. Si le consultant est une jeune fille, cette carte lui annonce au contraire la réalisation prochaine d'un mariage. Le tarot n° 6 représente le cinquième jour de la création, jour où Dieu créa les poissons pour animer les eaux et les oiseaux pour voler dans l'air.

Carte n° 7: c'est une carte tout à fait bonne pour le consultant, à moins qu'elle ne soit entourée par des cartes défavorables ou néfastes comme les tarots n° 16, n° 18, n° 19, et n° 26. Située à côté de la lame n° 20, elle signifie une grande fortune gagnée à la loterie ou au tiercé, aux courses, etc.

Si le consultant est marié, cette carte lui indiquera que son conjoint lui est fidèle; si le consultant est une jeune fille, le tarot n° 7 lui annoncera qu'elle réalisera un très bon mariage. Même lorsqu'elle se présente renversée, cette carte demeure assez bonne: elle indique au consultant qu'il est entouré de personnes affectionnées qui le protègent; voisine de la carte n° 22, elle signifie que le consultant est protégé par une personne qui vit à la campagne; voisine de la carte n° 36, cette protection sera exercée par un homme blond; voisine du tarot n° 50, l'aide lui viendra d'un homme méchant envers tous, mais bon pour le consultant.

Cette carte représente le sixième jour de la création, jour où Dieu créa l'homme et toutes les espèces d'animaux.

Carte n° 8: c'est la carte qui représente le consultant et sa signification est hautement favorable. Si, dans le jeu que l'on fait pour une femme, cette carte ne sort pas aussitôt, il est nécessaire de la chercher parmi les cartes qui ont été écartées et de la placer sur la première ligne, en tête du jeu. Même lorsqu'elle se présente renversée, cette carte conserve son bon présage, mais elle est particulièrement favorable lorsqu'elle se trouve droite, au voisinage des cartes n° 9, n° 13 et n° 25 qui signifient respectivement: justice, mariage heureux, bonnes nouvelles.

155

Cette carte représente le septième jour de la création, jour où Dieu, ayant achevé son œuvre, se reposa.

Carte n° 9: cette carte, droite comme renversée, représente justice et paix. Dans le premier cas, elle annonce des événements (dont l'ordre et l'importance seront définis par les cartes les plus proches) qui auront rapport avec la justice, la loi. Dans le second cas, c'est-à-dire lorsqu'elle est renversée, elle prédit causes, procès, litiges, qui pourront s'achever aussi bien par le succès que par la défaite du consultant.

Lorsqu'elle est proche de la carte n° 28, le présage est défavorable, mais il l'est encore bien davantage si la carte n° 9 se trouve au voisinage du tarot n° 18. Au contraire, lorsqu'elle est située à côté de la carte n° 16, elle annonce la victoire du consultant dans un litige; et à côté de la carte n° 22 droite, elle prédit un changement heureux; si, au contraire, cette carte n° 22 est renversée, le consultant devra craindre de perdre son emploi, et si le consultant est un agriculteur, il devra alors craindre la perte de sa récolte. Située à côté des tarots n° 14 ou n° 50, elle indique au consultant qu'il doit se méfier des gens de loi situés dans son entourage et qui font semblant de jouer les protecteurs à son égard.

Carte n° 10: cette carte représente non seulement la tempérance physique dont dépend la santé du corps, mais également la tempérance morale qui est indispensable à l'équilibre de l'esprit. Ce qui veut dire que le consultant, homme ou femme, doit chercher à arracher de son esprit la tendance qu'il a à se laisser porter par toutes les impulsions de son caractère.

Si cette carte se trouve à proximité de la carte n° 49, elle signifie que le consultant doit se méfier des aliments qui lui sont servis ou vendus. Située à côté de la carte n° 25 droite, elle annonce au consultant qu'il recevra dans peu de temps de bonnes nouvelles. Au contraire, l'apparition de la carte n° 17, soit à droite ou à gauche, soit au-dessus ou au-dessous de la carte n° 10, laisse présager quelque chose de funeste: si elle est droite, elle signifie la mort du consultant causée par son intempérance; si elle est renversée, elle annonce sa ruine pour le même motif.

Lorsque la carte n° 10 est renversée, elle annonce l'intervention prochaine d'un prêtre dans la vie du consultant: ce peut être pour un mariage, pour un baptême, pour une maladie, mais la cause ne pourra être déterminée que par la signification des cartes voisines.

Carte n° 11: lorsque cette carte se présente droite, son présage est très favorable: en effet, non seulement elle symbolise la force physique, mais elle est en plus l'emblème de la force de caractère qui s'emploie à modifier ou à corriger les instincts primaires et les mauvais penchants. Toutefois, les modifications que peuvent apporter à cette signification les cartes voisines sont d'une grande importance. Située à côté de la carte n° 13, elle annonce un mariage forcé; voisine de la carte n° 17, elle présage une mort violente; près de la carte n° 19, elle signifie une catastrophe inévitable; enfin, à côté des cartes n° 20 et n° 72, elle indique une grande prospérité. Lorsqu'elle se présente renversée, la carte n° 11 annonce la méfiance; à côté de la carte n° 18 ou de la carte n° 50, elle signale au consultant qu'il lui faut se méfier de la protection venant de personnes plus puissantes et plus fortes que lui.

Carte n° 12: si le consultant a dans sa famille un homme politique ou s'il est lui-même mêlé à la politique, la signification de cette carte prend un intérêt tout particulier. Si la carte apparaît droite, elle recommande au consultant de rester très prudent, quels que soient son âge, son sexe et sa position sociale. Pour une jeune fille, si cette carte est située à côté de la carte n° 13, elle signifie un bon mariage; pour une personne impliquée dans une affaire en cours, elle annonce sa réussite finale. Pour un homme politique, située à côté de la carte n° 29 renversée, elle prédit de grands honneurs, et à côté des cartes n° 27 et n° 28 renversées, elle annonce des discussions, un retard dans la réalisation de ses projets.

Lorsque la carte n° 12 est renversée, elle annonce des discussions violentes; ces conditions s'aggraveront si, à côté de cette carte, apparaît le tarot n° 19 renversé; et si le consultant ou l'un de ses proches est un homme politique, une prochaine arrestation est à craindre. Située au voisinage de la carte n° 73 renversée, elle conseille au consultant, quel que soit son âge, de mettre de l'ordre dans ses affaires car une négligence de sa part risquerait d'avoir des conséquences fort déplaisantes et cela d'autant plus si la carte n° 12 est placée à côté de la carte n° 19.

Carte n° 13: la présence de cette carte dans le jeu annonce immanquablement un mariage, soit pour le consultant lui-même, soit pour un membre de sa famille. Mais pour que ce mariage se réalise sans aucun contretemps, il est nécessaire que la carte n° 13 se présente à l'endroit. Voisine de la carte n° 35 renversée, la carte n° 13 indique que de cette union naîtront de nombreux enfants; située à côté de la carte n° 27, elle signifie un refroidissement dans les relations des époux, mettant en danger l'équilibre du ménage. Proche de la carte n° 57, elle indique les retrouvailles de conjoints ou d'amants qui s'étaient séparés; enfin, voisine de la carte n° 14, elle conseille au consultant de se méfier d'une personne qui lui est proche.

Lorsque la carte n° 13 est renversée, elle annonce que le mariage ou l'union sur le point de se réaliser seront soumis à de dures épreuves ou même finiront par se défaire. Pour pouvoir en connaître les suites plus ou moins défavorables, il faudra se reporter à la signification des cartes entourant le tarot n° 13.

Carte n° 14: qu'elle se présente droite ou renversée, cette carte est toujours de mauvais augure. Très souvent, elle annonce une maladie, surtout si elle est voisine de la carte n° 17. Voisine des cartes n° 18 et n° 26, elle signale au consultant qu'il doit s'attendre à une trahison; seul, le voisinage de la carte n° 77 peut diminuer en partie les effets de cette trahison. Proche de la carte n° 12, elle signifie qu'il serait prudent pour le consultant de renoncer à un amour dont il n'a rien à espérer; à côté de la carte n° 19, elle annonce une catastrophe si elle est droite et la prison si elle est renversée. Proche de la carte n° 27, elle dévoile au consultant qu'il fait l'objet d'une plaisanterie; voisine de la carte n° 28, elle lui apprend qu'une partie de campagne aura lieu, à laquelle il ne sera pas invité.
Pour une jeune fille, la carte n° 14, voisine de la carte n° 35, prédit une chute; pour une femme d'un certain âge, elle annonce une vieillesse précoce; pour un jeune homme, un faux pas; pour un homme qui a dépassé la trentaine, la décrépitude. A côté de la carte n° 24, elle indique des dangers qui apparaîtront à la suite d'un long voyage.
La carte n° 14 figure parmi celles qui requièrent le plus d'attention de la part du cartomancien car celui-ci doit scruter d'un œil particulièrement vigilant toutes les cartes qui l'entourent de façon à pouvoir saisir celles qui seraient susceptibles d'en atténuer ou d'en modifier la funeste signification.

Carte n° 15: la carte n° 15, elle aussi, est une carte de mauvais augure: elle annonce des troubles de l'esprit, de la tristesse, de la mélancolie. Mais ce n'est que d'après les cartes situées dans son entourage que l'on pourra savoir s'il s'agit simplement d'une dépression passagère ou bien d'un désordre mental radical et à caractère permanent.

Cette carte, renversée, indique souvent que le consultant a fait ou fera un mauvais mariage.

Carte n° 16: il faut considérer très attentivement cette carte car elle signifie presque toujours procès et litiges. En effet, la carte n° 16 à côté de la carte n° 17 annonce des difficultés dans une affaire d'héritage; et près de la carte n° 27, elle signifie un retard dans un procès. Voisine de la carte n° 58, elle prédit à un homme qu'il va être mêlé à une bagarre, à une femme qu'elle devra témoigner dans une affaire de rixe ou bien qu'elle aura elle-même un différend avec une autre personne. Si la carte n° 16 se présente renversée, elle annonce au consultant qu'il sera probablement victime d'injustices notoires.

Carte n° 17: c'est une autre carte ayant une très mauvaise signification. C'est pourquoi le cartomancien doit se montrer très circonspect dans son interprétation car il lui faut tenir compte de toutes les modifications que pourraient apporter les cartes voisines. Située à côté de la carte n° 3 renversée, elle conseille au consultant d'éviter les voyages en mer ou les promenades aux abords de lacs, de fleuves, ou d'étangs. Au voisinage de la carte n° 2, elle lui conseille de faire attention aux chiens hydrophobes et à tous les animaux malades en général. Voisine de la carte n° 35, elle prédit une mort certaine et inévitable.

Carte n° 18: c'est encore une carte de mauvais augure pour le consultant, qu'elle se présente droite ou renversée. Seul, le voisinage de la carte n° 2 pourra diminuer la prédiction maléfique de ce tarot. Voisine de la carte n° 24 renversée, elle annonce des désaccords en famille; à côté de la carte n° 21, elle signifie que le consultant aura à subir les persécutions injustes de la part d'un supérieur très puissant; à côté de la carte n° 16 renversée, elle prédit des ennuis encore bien pires. Située auprès de la carte n° 14 renversée, elle indique une influence si mauvaise, que rien ni personne ne pourra la modifier.

Carte n° 19: c'est peut-être la plus mauvaise carte parmi les 78 tarots dont se compose le jeu. Même la proximité de bonnes cartes ne peut en améliorer le terrible présage qui est celui de la misère, de la prison, de la tyrannie. Le cartomancien devra être très attentif dans l'examen qu'il fera du jeu car ce n'est qu'à travers la signification des cartes voisines qu'il pourra savoir si ces terribles prédictions concernent le consultant lui-même ou bien quelqu'un de sa famille ou peut-être même un de ses amis.

La carte n° 19 située à côté de la carte n° 62 indique une grave dispute qui vient semer le trouble ou jeter un froid dans une amitié de longue date; voisine de la carte n° 11, elle annonce un crime politique; auprès de la carte n° 59, elle signifie naufrage et perte non seulement d'argent et de prestige, mais peut-être, de la vie.

Carte n° 20: c'est l'une des plus belles cartes de tout le jeu; qu'elle se présente droite ou bien renversée, elle est toujours signe de richesse, d'honneurs, de promotion, d'amélioration, tant du point de vue financier que du point de vue social. Toutes ces prédictions se trouveront renforcées si cette carte se présente à côté de la carte n° 77, tandis qu'elles seront légèrement retardées si elle est située à côté de la carte n° 27. La carte n° 20 a le pouvoir d'améliorer la signification des cartes voisines et d'atténuer les mauvais présages que celles-ci pourraient apporter.

Carte n° 21: cette carte donne des prédictions plutôt déplaisantes parce qu'elle annonce, en effet, querelles et discorde. Voisine de la carte n° 9, elle signifie des ennuis de famille; à côté de la carte n° 68 renversée, elle conseille de ne rien prendre à la légère. Auprès de la carte n° 20, elle indique une certaine dureté de caractère; enfin, à côté de la carte n° 32, elle avertit le consultant que, tant qu'il ne se décidera pas à modifier son mauvais caractère, il n'aura aucune chance de s'élever dans l'échelle sociale.

Carte n° 22: c'est généralement une carte assez favorable; elle annonce de bonnes nouvelles, un mariage intéressant et des conseils utiles. Proche de la carte n° 13, elle prédit à une personne non mariée, un mariage intéressant qui se réalisera dans un avenir plus ou moins proche; au contraire, si le consultant est marié, elle lui annonce de bonnes relations qui pourront lui être utiles par la suite. Renversée, elle indique que le consultant recevra d'excellents conseils de la part d'une personne qui a beaucoup d'estime pour lui: il pourra par conséquent suivre ces conseils sans la moindre hésitation; à côté de la carte n° 29, la carte n° 22 signifie entrevues, conférences et, près de la carte n° 20, elle annonce d'heureux moments à venir qui rempliront de joie le consultant.

Carte n° 23: considérée en elle-même, c'est une carte de bon augure; toutefois, au voisinage de la carte n° 34, elle signifie tristesse et contrariété. A côté de la carte n° 47, elle indique la bonne marche dans les affaires; voisine de la carte n° 13, elle annonce au consultant qu'il nouera bientôt des relations qui, pour des questions d'honneur, devront rester secrètes. Renversée, la carte n° 23 prédit de nombreux obstacles qui resteront sans solution, si auprès d'elle apparaissent les cartes n° 18 ou n° 19 ou au contraire seront vaincus si, à proximité, se trouve la carte n° 20.

Carte n° 24: la signification de cette carte n'est pas, dans l'ensemble, très plaisante. Elle peut signifier, en effet, voyage ou évasion, mais également séparation inévitable. A côté de la carte n° 38 renversée, elle indique la séparation entre deux amants ou deux conjoints, à cause de l'infidélité de l'un des deux; voisine de la carte n° 56, elle signifie que cette séparation sera provoquée par un certain nombre de médisances et de calomnies. Au voisinage de la carte n° 29, elle annonce un revers de fortune causé par quelqu'un qui vit dans l'entourage du consultant; à côté de la carte n° 71, elle conseille au consultant de se méfier de la personne qui s'occupe de ses intérêts. Enfin, si le consultant est une jeune fille, la carte n° 24 renversée lui prédit que le mariage qu'elle espère réaliser n'aura pas lieu.

Carte n° 25: cette carte annonce au consultant qu'il recevra prochainement des nouvelles. Si elle est voisine de la carte n° 57, les nouvelles seront bonnes; à côté de la carte n° 13, elle lui annoncera un mariage; auprès de la carte n° 14, les nouvelles seront très mauvaises; auprès de la carte n° 17, le consultant recevra un faire-part de décès. Voisine de la carte n° 19, il apprendra une catastrophe. Proche de la carte n° 63, la carte n° 25 annonce des enfants; à côté de la carte n° 42, elle prédit des amours secrètes. Lorsque cette carte se présente renversée, elle annonce de mauvaises nouvelles, à moins qu'elle ne soit suivie de la carte n° 42.

Carte n° 26: cette carte annonce en général une contrariété mais sa signification spécifique est celle de la trahison. Si la carte n° 26 est située au voisinage du tarot n° 37, la trahison viendra d'une femme blonde; près de la carte n° 39, le traître sera un jeune homme blond; près de la carte n° 45 renversée, le consultant sera trahi par ses parents; près de la carte n° 50 renversée, il sera trahi par un méchant homme. Ce n'est que lorsque la carte n° 26 se trouve à côté du tarot n° 50 droit, que sa prédiction est bonne: elle indique, en effet, que le consultant recevra très prochainement un important héritage.

Carte n° 27: selon les maîtres de la cartomancie, cette carte a un influx plutôt négatif: si le consultant est un homme, elle lui annonce de la lenteur dans ses affaires; située à côté de la carte n° 13, elle indique à une femme que son mariage sera retardé; voisine de la carte n° 34, elle signifie déceptions et chagrins.

Carte n° 28: cette carte signifie une promenade à la campagne. Si le consultant est une personne célibataire et que la carte n° 28 se trouve au voisinage d'une carte quelconque de coupe ou d'épée, la promenade sera très agréable. Au contraire, si cette carte se trouve à côté d'une carte de denier, cette promenade sera entrecoupée de petits contretemps et n'apportera qu'un grand ennui au consultant.
Lorsqu'elle est renversée et située à côté de la carte n° 43, la carte n° 28 signifie, pour un homme, des disputes avec une femme et, pour une femme, des disputes avec un homme. Si elle se trouve auprès de la carte n° 57, elle annonce une prochaine réconciliation. A côté de la carte n° 76, elle prédit l'arrivée de mauvais documents; voisine de la carte n° 9 renversée, elle indique des disputes en famille.

Carte n° 29: cette carte se prête à diverses interprétations; toutefois, sa signification spécifique est celle d'entretiens. Par exemple, lorsqu'elle se trouve proche des tarots n° 37 et 48, elle indique que le consultant aura un entretien avec une femme blonde; à côté de la carte n° 49, elle annonce une conférence d'ordre législatif. Auprès de la carte n° 2, elle prédit un incendie; et auprès de la carte n° 22, elle signifie que le consultant sera protégé par une personne d'une grande intelligence. Renversée, la carte n° 29 conseille au consultant de mettre fin à son indécision et d'adopter une solution.

Carte n° 30: cette carte concerne tout particulièrement les domestiques. Si le consultant appartient lui-même à cette catégorie professionnelle, cette carte l'avertit qu'il est sur le point de perdre l'estime et la confiance de ses patrons. Ce n'est que lorsque la carte n° 30 se trouve à côté de la carte n° 24 renversée qu'il peut espérer que cette situation se résoudra finalement pour le mieux. Voisine de la carte n° 59, la carte n° 30 annonce une perte causée par l'indiscrétion d'un domestique. Renversée, cette carte indique au consultant qu'il lui faudra attendre encore longtemps avant d'obtenir ce qu'il désire. La mauvaise signification de cette carte se trouve fortement atténuée lorsqu'elle se trouve renversée et située à côté de la carte n° 20.

Carte n° 31: c'est une carte d'une très grande importance, particulièrement en ce qui concerne les affaires, les quotations en bourse, etc. Le consultant peut espérer faire un bénéfice important si la carte n° 31 apparaît à côté de la carte n° 32 renversée; au contraire, si cette carte apparaît à côté du tarot n° 38, il ne fera aucun bénéfice. Renversée, la carte n° 31 signifie procès, causes, intrigues; mais si elle sort au voisinage de la carte n° 30 renversée, elle indique au consultant que tout se réalisera selon ses désirs. Lorsque le consultant est un jeune homme, la carte n° 31 combinée avec la carte n° 52 annonce une dispute avec un militaire qu'il a connu récemment, et avec la carte n° 37, un litige avec une femme blonde.

Carte n° 32: c'est l'une des meilleures cartes de tout le jeu. Qu'elle se présente à l'endroit ou renversée, elle annonce toujours pour le consultant la chance sous ses formes les plus diverses. Le seul cas dans lequel elle peut être défavorable est lorsqu'elle se présente à côté de la carte n° 4 mais, cette exception mise à part, dans tous les autres cas, elle signifie considération, éloges, admiration. A côté de la carte n° 64, elle prédit la victoire au jeu; auprès de la carte n° 35, elle annonce à une femme mariée la naissance de plusieurs enfants; voisine de la carte n° 33, elle signifie que, dans un moment particulièrement difficile de son existence, le consultant recevra une aide tout à fait inespérée.

Carte n° 33: cette carte peut être de très bon augure à condition qu'elle soit située à côté de la carte n° 1, si le consultant est un homme, et de la carte n° 8, si c'est une femme. Si la carte n° 33 se trouve proche d'un roi ou d'une dame, elle signifie que le consultant possède en lui des qualités suffisantes pour devenir un grand écrivain. Lorsqu'elle se présente à côté de la carte n° 14, sa signification devient mauvaise: elle indique en effet que ce que l'on attendait ne pourra se produire en raison de l'opposition venant de forces supérieures à la volonté humaine. Lorsque cette carte se présente renversée et est entourée par des cartes favorables, elle annonce au consultant que ses peines et ses difficultés se termineront bientôt, les amis qu'il croyait perdus reviendront vers lui, les dettes contractées pourront être remboursées.

Carte n° 34: parmi les différentes significations qu'elle peut avoir, cette carte annonce au consultant qu'une personne avec laquelle il est très lié, se trouve exposée à de graves dangers à cause d'un voyage qu'elle doit entreprendre ou qu'elle a déjà entrepris. Cette personne pourra échapper aux dangers qui la menacent si, à côté de la carte n° 34, apparaît un tarot ayant une signification tout à fait favorable. A une jeune fille, cette carte annonce chagrin et tristesse causés par la conduite de son fiancé; précédée de la carte n° 26, elle signifie jalousie; proche de la carte n° 46 renversée, elle annonce de l'envie. A côté de la carte n° 47 renversée, elle indique une transaction importante et fructueuse; auprès des cartes n° 42 renversée et n° 48 droite, elle prédit des satisfactions d'ordre sentimental.

Carte n° 35: primitivement, ce tarot était considéré chez les Egyptiens comme une carte de bon augure. Sa signification principale est la suivante: le consultant est sur le point de subir un échec non seulement sur le plan matériel mais aussi sentimental. Si le consultant est un homme, il doit s'attendre à subir des revers de fortune et des désillusions d'ordre moral; si c'est un malade, il aura probablement une rechute de sa maladie, qui se terminera par la mort si la carte n° 35 est située près de la carte n° 17. Si les cartes sont tirées pour une jeune fille, celle-ci se laissera prendre aux pièges de l'amour et devra, pour réparer ses erreurs, suivre les conseils que lui dicteront les cartes avoisinantes. Lorsque la carte n° 35 se présente renversée, elle annonce une nombreuse progéniture. Proche du n° 25, elle indique une naissance.

Carte n° 36: lorsque cette carte apparaît à côté de la carte représentant le consultant, elle l'avertit qu'il se trouve sous la domination d'une personne qui le séduit par ses flatteries et désire le détourner du droit chemin. Pour une jeune fille, la carte n° 36 suivie de la carte n° 13 signifie le mariage; proche de la carte n° 63, elle signifie la fécondité. A côté de la carte n° 77, elle annonce à un homme la conquête d'une femme riche et, à une femme, le mariage avec un personnage en vue. Lorsqu'elle est renversée, cette carte prédit perte et changement de position sociale mais cette signification se modifie dans un sens favorable si, dans son voisinage, se trouvent les cartes n° 7, n° 32, n° 41, n° 47 ou n° 77.

Carte n° 37: cette carte symbolise un travail abject, comme celui de la prostituée. Cependant, elle a généralement une signification favorable, en particulier pour les femmes, lorsqu'elle se trouve au voisinage des cartes n° 17, 19, 26, 38, 45 ou 50. D'autre part, lorsqu'elle se trouve juste à proximité de la carte du consultant et qu'elle n'est entourée que par des cartes favorables, elle représente une femme blonde qui dispense des faveurs au consultant.

Située à côté de la carte n° 47, elle prédit, pour une femme, l'une des plus belles situations qu'elle puisse espérer (si les cartes les plus proches indiquent un mariage, elle épousera un noble); auprès de la carte n° 75, elle signifie pour un homme une grande considération dans la société où il vit. A côté de la carte n° 49, elle engage les hommes à persévérer dans les bonnes dispositions, à éviter tout excès ou intempérance en amour. Renversée, elle annonce au consultant, homme ou femme, qu'il fera un mariage heureux avec une personne riche.

Carte n° 38: cette carte n'a pas de signification précise et peut être modifiée en fonction des cartes qui l'entourent.

Située à côté ou au voisinage de la carte n° 71, elle indique que le consultant recevra la visite d'un ami lui apportant une somme d'argent sur laquelle il ne comptait absolument pas; voisine de la carte n° 50, elle annonce qu'un magistrat commettra un abus de pouvoir aux dépens du consultant. Suivie de la carte n° 38 renversée, elle prédit un accroissement des richesses provenant de placements et de gains au jeu. Très proche de la carte n° 14, elle signifie que le consultant sera victime d'un vol; renversée, elle annonce fraudes, tromperies et toutes sortes de malheurs.

Carte n° 39: cette carte est généralement de bon augure. Pour une jeune fille, lorsque la carte n° 39 est entourée de cartes favorables, elle annonce qu'elle épousera un jeune homme blond très gentil. Lorsque cette carte est renversée, elle a pour fonction de révéler les penchants du consultant: naturellement, cela n'est possible que si l'on étudie très attentivement la signification des cartes qui se trouvent dans son entourage.

Précédée de la carte n° 10 et suivie de la carte n° 35, elle indique au consultant qu'il souffrira d'une maladie pouvant déterminer chez lui un état de mélancolie et d'aliénation mentale.

Carte n° 40: c'est une bonne carte lorsqu'elle se présente à l'endroit parce qu'elle annonce, pour un homme, la richesse et la considération dans le lieu où il réside, et pour une femme, son triomphe sur toutes les calomnies que l'on a répandues sur son compte. La richesse annoncée en général par cette carte peut être de deux sortes: richesse matérielle, c'est-à-dire l'argent, les biens, et la richesse morale, c'est-à-dire la beauté, la paix de l'âme et de la conscience.

Si la carte n° 40 se trouve située à côté de la carte n° 77, elle annonce effectivement les richesses matérielles tandis que lorsqu'elle est voisine de la carte n° 76, elle indique la richesse morale.

Renversée, elle prédit au consultant de nombreux contretemps: pour un jeune homme, elle signifie des disputes; pour une jeune fille, la perte de son fiancé; pour un militaire, un retard dans son avancement; pour un navigateur, une tempête et peut-être même un naufrage, si au voisinage de cette carte apparaît le tarot n° 19; pour un commerçant, elle indique une série de contretemps dans ses affaires.

Carte n° 41: c'est une carte excellente, en particulier pour les jeunes gens ayant de l'ambition: en effet, elle annonce victoire, succès et carrière rapide. Pour un écrivain, elle annonce un succès littéraire; pour un avocat, une victoire au tribunal; pour un banquier ou pour un homme d'affaires, une bonne opération boursière. Voisine de la carte n° 51, elle prédit à un homme qu'il réalisera un mariage de convenance avec une veuve qui lui fera gagner beaucoup d'argent; près de la carte n° 63 renversée, elle annonce à une femme une grossesse heureuse.

Renversée, elle signifie bonnes affaires pour un commerçant; proche de la carte n° 70 renversée, elle indique que le consultant obtiendra un prêt avec intérêt.

Carte n° 42: cette carte est également favorable, en particulier pour les consultants aimant les femmes blondes; si elle est située à côté de la carte n° 13, elle annonce un mariage certain; voisine de la carte n° 63, elle prédit une nombreuse progéniture; cette carte indique également que l'on recevra prochainement de bonnes nouvelles concernant une amie blonde; accompagnée de la carte n° 41, elle prédit une grande prospérité pour les jeunes filles blondes. Suivie de la carte n° 21, elle annonce une dispute avec une femme blonde; proche de la carte n° 20, elle signifie un gain important au jeu. Renversée, elle promet de nombreuses satisfactions, surtout si elle est entourée par des cartes favorables.

Carte n° 43: lorsqu'elle est debout, cette carte représente la pensée du consultant. Etant donné sa signification très générale et par conséquent imprécise, il faudra, pour en donner une interprétation exacte, étudier avec une particulière attention toutes les cartes qui l'entourent. Supposons, par exemple, qu'à côté de la carte n° 43, se trouve la carte n° 38 renversée, signifiant une duperie; nous pourrons déduire de cette rencontre que le consultant a l'intention de duper quelqu'un. Son projet réussira-t-il? Oui, si la carte qui le représente se trouve à proximité de la carte n° 41; non, si sa carte se trouve au contraire dans le voisinage de la carte n° 40 renversée qui annonce des contretemps.

Lorsque la carte n° 43 se présente renversée, elle signifie que le consultant a des projets à l'esprit; c'est en interprétant les cartes avoisinantes et en combinant leur signification, que l'on pourra définir la nature de ces projets et savoir s'ils se réaliseront ou non.

A côté de la carte n° 58, la carte n° 43 indique que le consultant projette de faire une excursion; auprès de la carte n° 33, elle indique qu'il projette une affaire; à côté de la carte n° 38, qu'il veut déclarer son amour à une femme. Tous ces desseins se réaliseront si les cartes qui suivent donnent une réponse positive.

Dans le cas contraire, ils échoueront ou ne se réaliseront que dans une période plus tardive.

Carte n° 44: cette carte se prête à l'imagination, aux rêves, à la fantaisie car droite, elle indique le passé et renversée, l'avenir. Supposons, par exemple, qu'à côté de la carte n° 44, sorte la carte n° 35: cette dernière carte évoque une erreur passée dont le consultant doit encore avoir honte; si, à cette carte n° 35, s'ajoute la carte n° 19, la signification s'aggrave davantage.

Supposons encore qu'à côté de la carte n° 44, se trouve la carte n° 57 qui signifie de bons conseils, et la carte n° 59 qui annonce une perte: le rapprochement de ces trois cartes indique au consultant que s'il avait écouté les conseils sages qui lui avaient été donnés, il n'aurait pas, à l'heure actuelle, à déplorer les graves pertes qu'il a subies.

On doit procéder de la même façon lorsque la carte n° 44 se présente renversée, signifiant alors l'avenir; comme nous venons de le faire pour les événements concernant le passé, il faut rechercher les détails dans la signification des cartes environnantes.

Carte n° 45: cette carte est favorable, en particulier pour quelqu'un qui espère recevoir un héritage; elle annonce également un heureux mariage. Si elle se trouve entre la carte n° 1 et la carte n° 14, elle signifie que la consultante restera veuve d'ici deux ans mais qu'elle trouvera rapidement un second mari, qui sera encore meilleur que le premier. Si la carte n° 45 est située à côté de la carte n° 2, elle annonce des succès littéraires; voisine de la carte n° 74, elle indique que le consultant recevra des cadeaux offerts par une personne très influente.

Renversée et située à côté de la carte n° 35, elle annonce l'arrivée prochaine d'un parent qui comblera de présents le consultant. Lorsque la carte n° 45 est accompagnée du tarot n° 27, elle signifie que l'héritage sur lequel le consultant comptait, sera quelque peu retardé. Voisine de la carte n° 28 renversée, elle annonce des disputes et des controverses autour de cet héritage.

Carte n° 46: cette carte annonce ennuis et colère provoqués par des personnes irritantes et désagréables. A côté de la carte n° 28, elle indique que le consultant se rendra à une partie de campagne qui se terminera mal, à cause des indiscrétions de l'un des participants.

La même combinaison de cartes, c'est-à-dire la carte n° 46 groupée avec la carte n° 28, annonce également, à brève échéance, la rupture des relations qu'entretient actuellement une femme avec ses admirateurs.

Lorsque la carte n° 46 est accompagnée de la carte n° 67, elle conseille au consultant de rester très prudent en matière de spéculation; à côté de la carte n° 60, elle annonce des troubles nerveux dus à la solitude et l'isolement. Renversée, cette carte indique au consultant qu'il fera dans peu de temps de nouvelles connaissances, se créera de nouveaux liens d'amitié et se libérera d'une relation qui l'étouffait.

Carte n° 47: la carte en question intéresse surtout les auteurs dramatiques, les acteurs et les actrices. Située à côté de la carte n° 2, elle annonce un succès modéré au consultant, si celui-ci est auteur dramatique ou acteur; s'il est ingénieur, elle lui indique qu'un de ses projets d'étude sera accepté; s'il est romancier, elle lui prédit le succès d'une de ses œuvres; s'il est banquier, elle lui annonce une spéculation heureuse. A une jeune fille, elle prédit la réussite en amour; à un militaire, l'estime de ses supérieurs. Renversée, cette carte annonce une conclusion satisfaisante concernant des affaires qui semblaient incertaines au départ; pour un malade, elle prédit une rémission de sa maladie; pour une personne plongée dans l'affliction et la souffrance morale, elle annonce la fin de ses peines et de ses douleurs.

Carte n° 48: cette carte est très favorable pour toutes les entreprises dans lesquelles interviennent amour, désir de gloire et de dignité sociale. A proximité de la carte n° 47, elle prédit à un homme d'affaires que ses projets se réaliseront, mais à côté de la carte n° 54, il est à craindre qu'une demande en mariage ne soit mal accueillie par la famille du fiancé ou signifie, pour une femme, une grande déception. Près de la carte n° 53, elle révèle au consultant qu'il est espionné par une femme avec laquelle il a actuellement, ou il a eu dans le passé, une relation. Lorsque la carte n° 48 est renversée et voisine de la carte n° 69, elle annonce un désir de voler ou de dépouiller quelqu'un de tous ses biens.

Carte n° 49: cette carte représente en général la loi ou bien la volonté inflexible. Selon certains cartomanciens, cette carte symbolise également les plaisirs gastronomiques, les banquets et en général tout ce qui se rapporte à la bonne chère. A côté de la carte n° 37, la carte n° 49 annonce au consultant que tôt ou tard il recevra, au moment du déjeuner, d'agréables nouvelles provenant d'une femme blonde; auprès de la carte n° 16, elle indique une cause gagnée; au contraire auprès de la carte n° 19, elle signifie une cause perdue. A proximité de la carte n° 18, elle annonce au consultant qu'il va perdre une cause ou un procès.

Carte n° 50: si cette carte se présente à côté de tarots défavorables, elle conseille au consultant de ménager toutes les relations qu'il pourrait avoir avec des avocats, des procureurs, des magistrats et, plus généralement, toutes les personnes exerçant une profession dans la justice. Lorsque cette carte est située à côté de la carte n° 22, elle annonce au consultant qu'un magistrat hautement intègre lui rendra justice. Auprès de la carte n° 27, elle conseille à une femme de se méfier d'un homme qui lui fait la cour et à une jeune fille de ne pas se marier car le mariage qu'elle projette sera malheureux. Renversée, cette carte conseille de renoncer à un procès qui risquerait d'avoir des suites fâcheuses et de ne pas faire de frais inutiles.

Carte n° 51: cette carte est en général plutôt défavorable, en particulier pour les femmes qui sont veuves. Pour un homme, elle indique qu'une de ses·parentes, restée veuve, pense se remarier avec lui.
Située à côté de la carte n° 1, elle annonce au consultant qu'il mourra avant son épouse; au contraire, à côté de la carte n° 8, elle lui révèle que ce sera lui qui restera veuf. Lorsque le jeu est fait pour une jeune fille, la carte n° 51 lui déconseille le mariage, à moins que les cartes voisines n'aient une signification favorable et ne viennent modifier la réponse. Voisine de la carte n° 67 renversée, elle avertit une femme que son mari (ou son amant) la trompe; au contraire, si la carte n° 67 est droite, c'est l'homme qui est trompé par sa femme.

Carte n° 52: cette carte indique généralement que le consultant est en relation avec un ou plusieurs militaires. Si elle est située à côté de la carte n° 41, elle indique qu'un ami du consultant obtiendra une récompense ou une décoration militaire mais si elle se trouve à côté de la carte n° 17, elle annonce que son ami mourra au cours d'un exercice militaire. Voisine de la carte n° 19, elle prédit que le militaire sera fait prisonnier. Lorsque le consultant est une femme ou une jeune fille, cette carte lui annonce qu'elle recevra sous peu des nouvelles d'un militaire; si la carte n° 52 apparaît à côté des cartes qui symbolisent le mariage, elle indique que la consultante se mariera avec un militaire. Renversée, cette carte signifie que le consultant aura maille à partir avec une personne stupide; à une femme, elle annonce qu'elle finira par triompher de sa rivale avec les seules armes de son intelligence.

Carte n° 53: c'est une carte extrêmement difficile à interpréter, et qui demande, par conséquent, une étude approfondie de la signification des cartes voisines. Lorsque la carte n° 53 est accompagnée de la carte représentant le consultant, elle avertit ce dernier qu'une personne espionne toutes ses actions. La proximité de la carte n° 30 indique que cette personne est un employé ou un domestique au service du consultant; la carte n° 36 indique que cet espion est un homme blond; la carte n° 69 a une signification néfaste car elle annonce que le consultant sera victime d'un vol ou d'un cambriolage dans sa maison ou son bureau.

Voisine de la carte n° 19, elle signifie une suite de catastrophes; à côté ou très proche de la carte n° 12, elle avertit une personne mêlée à la politique qu'elle est surveillée par la police. Renversée, elle annonce une bonne nouvelle si elle est placée à proximité de la carte n° 32 et une mauvaise nouvelle si elle est voisine de la carte n° 34.

Carte n° 54: lorsqu'elle se présente droite, c'est une carte peu favorable; en effet, elle signifie larmes et désillusions. A côté de la carte n° 17, elle annonce chagrins et déceptions ou encore, un deuil dans la famille. Auprès de la carte n° 27, ces peines seront causées par des disputes et des mésententes. Si le consultant est une femme, la carte n° 54 voisine de la carte n° 26 lui prédit que la trahison d'une rivale la fera durement souffrir.

Au contraire, lorsque cette carte est renversée, sa signification est généralement bonne: à un commerçant, elle annonce de bonnes affaires; à un employé, une promotion; à un domestique, une augmentation de salaire; à tous, en général, des améliorations économiques.

Carte n° 55: cette carte est presque toujours de mauvais augure. A côté de la carte n° 13, elle prédit au consultant qu'il devra sous peu assister à une cérémonie religieuse, qui pourra être, soit un baptême, soit un mariage, soit un enterrement. S'il s'agit d'un mariage, ce mariage sera malheureux, surtout si la carte n° 55 est située près de la carte n° 52. Il suffit d'une seule carte de mauvais augure à côté ou au voisinage de la carte n° 55 pour que la signification de cette dernière en soit contaminée: dans ce cas, elle indiquera toujours une cérémonie douloureuse. Pour qu'il s'agisse d'un baptême, on doit nécessairement avoir dans le jeu, à côté de la carte n° 55, la carte représentant le consultant d'une part, et la carte n° 76 d'autre part.

Lorsqu'elle est renversée, la carte n° 55 indique que le consultant a agi avec sagesse en mettant fin à une relation ou bien à un lien d'amitié qu'il entretenait avec une personne qui le compromettait. Voisine de la carte n° 67, elle conseille au consultant d'éviter tout rapport avec un jeune homme brun qui risquerait d'être dangereux pour lui, pour sa famille, pour son travail.

Carte n° 56: cette carte est mauvaise pour le consultant: lorsqu'elle est droite, elle signifie des critiques: lorsqu'elle est renversée, des incidents. Si la carte n° 56 droite se trouve à côté de la carte n° 5 renversée, les critiques adressées au consultant sont injustes; si elle est située auprès de la carte n° 10, ces critiques concernent son état de santé; voisine de la carte n° 13, elles concernent son mariage; à côté de la carte n° 16, elles concernent une cause gagnée; de la carte n° 17, sa ruine; de la carte n° 48, ses amours passionnées.

Si la carte n° 56 se présente renversée et à côté de la carte n° 55, l'incident sera causé par des motifs religieux; auprès de la carte n° 10, par la santé du consultant; de la carte n° 13, par son mariage (ou son concubinage); de la carte n° 26, par des obstacles matériels; de la carte n° 28, par des disputes; si, entre la carte n° 26 et la carte n° 28, se trouve la carte n° 17, le consultant sera victime d'un accident au cours duquel il sera blessé mortellement.

Carte n° 57: c'est une assez bonne carte. Si le consultant exerce une activité commerciale, la carte n° 57 indique qu'il mettra de côté une partie de sa fortune et se retirera à la campagne pour vivre de ses rentes. Proche de la carte n° 63 renversée, elle prédit une naissance; à côté de la carte n° 71, elle annonce que le consultant va toucher une somme d'argent dont il ne pourra cependant faire usage avant d'avoir aplani un certain nombre de difficultés. Située auprès de la carte n° 63 renversée, elle signifie pour une femme qu'elle aura bientôt un enfant. La carte n° 57 renversée indique que le consultant ne suivra pas les bons conseils qui lui seront donnés par une personne pour laquelle il éprouve beaucoup d'affection.

Carte n° 58: cette carte tire sa signification des tarots les plus proches. Quoi qu'il en soit, elle symbolise les voyages.

Toutefois, si elle sort à côté de la carte n° 9, elle indique que le consultant sera mêlé à un procès; à côté ou bien très proche de la carte n° 38 renversée, elle avertit le consultant qu'il va être volé au cours d'un voyage. Lorsque cette carte est renversée et située à côté de la carte n° 20, elle signifie qu'une parente âgée du consultant veut faire de lui son légataire universel; à côté de la carte n° 27, elle indique que le consultant devra renvoyer à plus tard la conclusion d'une affaire qui lui tient beaucoup à cœur; auprès de la carte n° 48, elle annonce que le consultant recevra ou fera lui-même, dans un délai très proche, une déclaration d'amour.

Carte n° 59: qu'elle se présente droite ou renversée, c'est toujours une carte de mauvais présage. Pour un consultant marié, la carte n° 59 située au voisinage de la carte n° 24 signifie que son union va bientôt être rompue. A côté de la carte n° 34 ou de la carte n° 76, elle avertit le consultant, homme ou femme, que son honneur est sur le point d'être bafoué. Renversée, elle est généralement le symbole de douleur, de deuil: voisine de la carte n° 42, à une jeune fille, elle annonce un deuil; à côté de la carte n° 38 renversée, c'est à un homme qu'elle prédit un deuil.

Carte n° 60: c'est également une carte de mauvais augure. A côté de la carte n° 56, elle annonce que l'honneur de la consultante est en danger. Auprès de la carte n° 53, elle prédit à une jeune fille qu'elle doit craindre d'être abandonnée par son fiancé; ce présage est encore aggravé si la carte n° 60 se trouve très proche de la carte n° 18. Lorsque la carte n° 60 se trouve accompagnée de la carte n° 19 renversée, le consultant risque la prison.
Renversée, cette carte indique au consultant que, s'il fait des économies, il pourra parvenir au but désiré; voisine de la carte n° 19, elle conseille au consultant de mettre de l'ordre

dans ses affaires et de s'entourer de personnes honnêtes. Enfin, lorsqu'elle est accompagnée de la carte n° 56, elle annonce des commérages, et suivie de la carte n° 17, elle présage la mort.

Carte n° 61: c'est une carte dont la signification est assez imprécise. Pour une jeune fille, si cette carte est suivie de la carte n° 13, elle lui annonce qu'elle épousera un homme qu'elle n'aime pas. Voisine des cartes n° 17 et 18 renversées, elle conseille au consultant de s'éloigner d'une personne ennemie qui vit dans son entourage. Suivie de la carte n° 58, elle annonce le prochain départ d'une personne pour laquelle le consultant éprouve beaucoup d'affection; voisine de la carte n° 38, elle l'avertit du prochain retour de cette même personne. Lorsqu'elle se présente renversée, elle prédit au consultant que très bientôt il rencontrera une personne qui le compromettra; enfin, située à côté de la carte n° 78, elle signifie un internement dans un asile psychiatrique.

Carte n° 62: lorsqu'elle est droite, cette carte symbolise l'amitié, la gentillesse; au contraire, lorsqu'elle est renversée, elle signifie la perfidie, l'infidélité, la trahison. Pour une femme, si elle se trouve située à côté des cartes n° 74 et 71, elle indique une somme d'argent. A côté de la carte n° 64, elle signifie l'amitié véritable avec un homme brun; auprès des cartes n° 18 et 21, elle indique exactement le contraire. Renversée, elle annonce des relations avec de faux amis; à proximité de la carte n° 55, elle signifie que le consultant saura démasquer la fausseté et la perfidie des amis en question. Enfin, voisine de la carte n° 65, elle signale au consultant l'infidélité d'une femme brune.

Carte n° 63: la signification de cette carte est plutôt sombre. Proche de la carte n° 4, elle annonce au consultant qu'il sera poursuivi par ses créanciers; cependant, si elle se trouve très proche de la carte n° 47, elle indique que le consultant sera tiré de ce mauvais pas grâce à l'intervention d'un homme puissant.

Renversée, cette carte prédit à une jeune fille que, par sa conduite légère, elle fera échouer un mariage qui aurait été intéressant; voisine des cartes n° 35 et 17, elle annonce une grossesse mortelle; au contraire, à proximité de la carte n° 20, elle prédit une grossesse heureuse.

Carte n° 64: cette carte indique un mauvais présage: accompagnée des cartes n° 18 et 62 renversées, elle prédit au consultant qu'il sera trompé par un homme brun. Si le consultant, homme ou femme, est marié, il devra craindre pour la paix de son ménage, à moins que la proximité de la carte n° 57 renversée ne vienne modifier le sens de cette prédiction. Renversée, la carte n° 64 a une signification plutôt funeste. Si le consultant doit entreprendre un voyage, il devra se méfier des mauvaises rencontres. Renversée, elle signifie homme vicieux et mauvaises propositions.

Carte n° 65: cette carte n'a pas de signification bien précise; on peut dire toutefois que lorsqu'elle est droite, elle représente en général une femme brune, et lorsqu'elle est renversée, une maladie suivie de douleur et de deuil. Droite, elle annonce également que le consultant recevra un cadeau d'une riche parente; à côté de la carte n° 66, elle prédit à un jeune homme qu'il réalisera un mariage intéressant avec une jeune fille brune, belle et riche. Lorsqu'elle est précédée de la carte n° 69 renversée, la prédiction est moins favorable: le consultant risque en effet d'être trompé par une femme très ambitieuse; si elle suit immédiatement la carte n° 45, il peut espérer recevoir un héritage, un legs ou un don inattendu.

Renversée, elle signifie maladie, douleur et deuil; voisine de la carte n° 18, elle annonce trahisons, ennemis implacables.

Carte n° 66: cette carte n'a pas non plus une signification très précise: à une femme mariée, elle prédit qu'elle recevra des cadeaux de la part de son mari; si la carte n° 66 est suivie des cartes n° 71 et 74, ces cadeaux lui seront d'une grande utilité. A une jeune fille, elle annonce qu'elle connaîtra un homme d'âge moyen, très riche, qui lui offrira son nom et sa fortune. La carte n° 66 renversée annonce, pour un militaire, la paix; située à côté de la carte n° 32, elle assure une promotion due à l'intervention d'une personne influente. Toutefois, la signification principale de cette carte, lorsqu'elle se présente renversée, est celle de paresse, indolence, feu, ardeur.

Carte n° 67: pour un homme marié, cette carte signifie que son épouse fait l'objet des attentions d'un homme brun; et si la carte n° 67 se trouve placée à côté de la carte n° 73 renversée, le consultant doit craindre quelque infidélité de la part de la personne aimée. Renversée et située à proximité des cartes n° 63 et 10, elle prédit que le consultant dilapidera sa fortune. La carte n° 67, lorsqu'elle est accompagnée de cartes défavorables, reproche aux femmes leur faiblesse et leur conseille de réfléchir davantage avant de se livrer aux joies de l'amour.

Carte n° 68: cette carte symbolise la maison en général. Voisine de la carte n° 31, elle révèle l'existence d'un trésor caché dans une maison dont l'emplacement sera donné par les cartes avoisinantes. Renversée et suivie de la carte n° 49, elle annonce au consultant un gain considérable au jeu et si, à proximité de ces deux cartes, sort la carte n° 20 droite, il s'agira d'un billet gagnant à la loterie nationale. Enfin, si la carte n° 68 est voisine ou très proche de la carte n° 22 renversée, elle signifie qu'un bienfaiteur remboursera les dettes du consultant.

Carte n° 69: cette carte n'a pas d'autres fonctions que d'éclaircir la signification des cartes voisines. Supposons que, par exemple, sortent les cartes n° 64, 13 et 37; la signification de cette combinaison est la suivante: un mariage devrait avoir lieu entre un homme brun et une femme blonde. La proximité de la carte n° 69 confirmera la prédiction en lui ajoutant la notion de certitude. Située à côté des cartes n° 33 et 59, la carte n° 69 avertit le consultant qu'il sera probablement victime d'une escroquerie mais que celle-ci portera davantage atteinte à son amour-propre qu'à sa fortune. Renversée et située au voisinage de la carte n° 71 également renversée, elle indique que le consultant devra douter de la fidélité d'un ami auquel il a prêté de l'argent.

Carte n° 70: cette carte indique toujours au consultant l'intervention d'une jeune fille brune dans sa vie privée et ses affaires de cœur.
Si cette carte est voisine des cartes n° 1 et 13, le mariage sera certain; si elle est proche de la carte n° 27, le mariage sera retardé; si elle est voisine de la carte n° 69, les noces seront célébrées sans délai.
Si le jeu est fait pour un jeune homme, la carte n° 70 suivie de la carte n° 41 renversée, indique que la jeune fille brune dont il est amoureux, est en tous points digne de confiance; mais si la carte n° 70 est voisine de la carte n° 21, cette jeune fille n'apportera que déboires et désillusions. Renversée, la carte n° 70 annonce que le consultant sera compromis dans une affaire d'usure, en qualité de complice si cette carte est voisine de la carte n° 7, et en qualité de victime si elle est proche des cartes n° 14, 54 et 59.

Carte n° 71: lorsque cette carte sort en premier à côté de la carte n° 18 ou de la carte n° 76, elle indique une perte d'argent assez importante. A une jeune fille, cette carte, dans la même position, annonce que la personne avec laquelle elle a l'intention de se marier, ne possède aucun bien d'aucune sorte. A une jeune fille qui se trouve à la veille de son mariage, la carte n° 71, proche de la carte n° 20, prédit que son futur mari va obtenir de l'avancement.

Renversée et voisine de la carte n° 42 également renversée, elle indique au consultant qu'il peut sans aucune inquiétude prêter l'argent qui lui a été demandé; au contraire, si la carte n° 71 se trouve au voisinage de la carte n° 18, elle lui conseille de n'accorder aucun prêt. En général, lorsque cette carte est renversée, elle indique que le consultant est sujet à des craintes et à des inquiétudes qui s'aggraveront si la carte n° 71 se trouve à côté de la carte n° 67.

Carte n° 72: cette carte signifie que le consultant ne doit compter que sur le présent, sans se faire trop d'illusions. Au contraire, si la consultante est une jeune fille et qu'à côté de la carte n° 72 apparaît la carte n° 18 suivie des cartes n° 12 et 20, elle pourra être sûre qu'un homme ayant une situation importante s'intéresse à elle. Si la carte n° 72 se trouve à proximité de la carte n° 67, cet homme pensera à l'épouser; au contraire, si elle est proche de la carte n° 21, c'est une autre femme qu'il épousera. Renversée, cette carte annonce des déceptions; à côté de la carte n° 25, elle indique l'arrivée d'une lettre destinée à faire perdre toute illusion au consultant.

Carte n° 73: c'est une carte qui intéresse tout particulièrement les amoureux et les amants. Accompagnée de la carte n° 37, elle annonce au consultant qu'un mariage très brillant va tomber à l'eau; accompagnée de la carte n° 13, elle signifie au contraire que ce mariage sera célébré, et suivie de la carte n° 20, elle indique que ce sera un mariage très heureux. A côté de la carte n° 67, elle indique une passion illicite et dangereuse pour le consultant, qu'il s'agisse d'un homme ou d'une femme. Renversée, la carte n° 37 signifie que le manque d'ordre procurera déboires et ennuis au consultant.

Carte n° 74: c'est encore une carte dont la signification est extrêmement vague et imprécise. Accompagnée de la carte n° 76, elle annonce que le consultant va recevoir des cadeaux d'une très grande valeur; située à côté de la carte n° 36, elle conseille au consultant d'offrir des cadeaux à une personne très influente qui sera susceptible, en retour, de lui accorder sa protection. Pour une femme, si la carte se trouve à proximité de la carte n° 40, elle signifie qu'un de ses amis est sur le point de lui adresser un riche hommage; à côté de la carte n° 24, elle prédit au consultant, homme ou femme, qu'il pourra (ou devra) changer rapidement de résidence. Renversée, elle annonce au consultant qu'il lui faudra se heurter à des obstacles, peut-être d'ordre judiciaire, pour mener à bien une affaire.

Carte n° 75: c'est la carte qui concerne la noblesse par excellence, qu'il s'agisse de la noblesse du cœur ou de celle du sang. Voisine de la carte n° 25, elle indique au consultant qu'une personne étrangère importante lui accordera sa protection; à un militaire, si cette carte est suivie de la carte n° 47, elle annonce qu'il recevra un titre ou une récompense honorifique; à une dame, si la carte est suivie de la carte n° 35, elle prédit l'arrivée de la fortune grâce à l'appui d'un homme riche et noble. A un homme, si elle se trouve proche de la carte n° 32 renversée, elle annonce que son fils aîné sera très heureux; voisine de la carte n° 54 renversée, elle lui prédit qu'en plus du bonheur, ce fils obtiendra la célébrité.

Carte n° 76: cette carte a pour signification principale, le trouble, l'agitation, l'émotion. A côté de la carte n° 16, elle annonce un jugement favorable dans un procès ou dans un litige. A côté des cartes n° 64 et 69, elle avertit une femme que l'homme brun qui est cause de son trouble, la trompera; au contraire, si la carte n° 76 est voisine de la carte n° 41, la femme obtiendra une victoire sur cet homme. Renversée, cette carte est généralement de mauvais augure: elle signifie ignorance ou injustice, lettres anonymes, assignations, etc.

Carte n° 77: c'est l'une des meilleures cartes de tout le jeu; en effet, elle annonce la félicité, le pouvoir, la puissance, le bonheur, la richesse, les honneurs. Dans l'Antiquité, lorsque cette carte apparaissait dans le jeu, les Egyptiens arrêtaient aussitôt la lecture, sans demander aucune explication supplémentaire aux cartes car celle-ci contenait en elle-même tout ce qu'un être humain peut désirer de meilleur.

Carte n° 78: quelles que soient la façon et la position dans lesquelles elle se présente, cette carte indique toujours le déséquilibre, le désordre, les actions contraires au bon sens et à la raison. Droite, elle annonce généralement un excès de création et d'imagination: renversée, elle indique la folie et l'idiotisme. A côté de la carte n° 56, elle prédit au consultant une action extravagante, irraisonnée et dangereuse, qu'il lui est encore possible d'éviter.
Lorsqu'elle est entourée de bonnes cartes, la carte n° 78 prédit des réussites plus ou moins importantes; à côté de la carte n° 65 et voisine de la carte n° 61 renversée, elle annonce au consultant qu'il commettra toute une série de folies pour une femme brune. La carte n° 78 et la carte n° 61 renversée, à côté de la carte n° 36, indiquent à une femme ou à une jeune fille qu'elle va commettre une folie pour un jeune homme blond.

Table des matières

Achevé d'imprimer en mars 2002
à Santa Perpètua de Mogoda (Barcelone), Espagne,
sur les presses de A&M Gràfic, S. L.

Dépôt légal : mars 2002
Numéro d'éditeur : 7382